Kimberley Claire

be brave

wenn der einzige
Ausweg leben heisst…

Danksagung

Ich bedanke mich bei meiner Familie für die Liebe und Geduld in dieser schweren Zeit. Für die vielen Stunden, die ihr in diesen Monaten bei mir verbracht habt und mir einen Grund zum weiterkämpfen gabt.

Ich bedanke mich bei meiner besten Freundin für ihre Zeit und treue. Für die vielen Besuche und die Sonne, die sie immer mitbrachte.

Ich bedanke mich bei meinem Psychologen dafür, dass er die nötige Geduld in meinen Heilungsprozess hatte und mir den richtigen Weg aus der Krankheit weisen konnte.

Ich bedanke mich beim ganzen 2Ost Team für ihre liebevolle Fürsorge. Ganz besonders möchte ich mich bei jemandem bedanken, die mich tröstete, wenn es mir schlecht ging und mir in vielen Therapiestunden beistand.
Ausserdem möchte ich mich bei einem Pfleger bedanken mit dem ich viele tolle Schachpartien spielte und der mich einiges lernen konnte. Er spielte mit uns viele Spiele und machte den Alltag im Spital nur halb so langweilig.
Und zu guter Letzt möchte ich mich bei meiner Zimmergenossin bedanken für die gute Zeit, die wir trotz Krankheit hatten und für die tolle Freundschaft, die wir nach wie vor haben und ich hoffe noch lange haben werden.

Bibliografische Informationen der Deutschen Nationalbibliothek: Die Deutsche Nationalbibliothek verzeichnet diese Publikation in der Deutschen Nationalbibliografie, detaillierte bibliografische Daten sind im Internet über http://dnb.dnb.de abrufbar

©2018 Kimberley Claire
Herstellung und Verlag
BoD- Books on Demand, Norderstedt
ISBN:978-9-783748 107651

VORWORT

Immer wieder gibt es dunkle Zeiten im Leben, das ist ganz normal und muss auch sein, denn ohne dunkel kann man den Unterschied zu hell nicht erkennen. Aber erst, wenn wir wirklich in unserem Leben ganz unten waren, glaube ich, dass wir danach in der Lage sind das Wichtige im Leben zu sehen, um ganz nach oben zu kommen.

Als ich anfing dieses Buch zu schreiben, dachte ich nie daran diese Zeilen zu veröffentlichen. Erst im Laufe des Schreibens, wurde mir bewusst, dass ich es gerne mit anderen Menschen teilen möchte. Ich erhoffe mir damit ein paar Menschen, die vielleicht in einer ganz ähnlichen Situation stecken zu erreichen und zu inspirieren sich gegen die Depression zu wehren und nicht tatenlos zuzusehen, wie man kaputt geht. Ich habe mich dazu entschieden ein Buch über Depressionen zu schreiben. Dieses Buch ist nicht nur ein Werk, sondern erzählt auch von meiner Geschichte und meinem Kampf gegen Depressionen. Ich habe dieses Buch nicht geschrieben, weil es keine Bücher über dieses Thema gibt, sondern weil meiner Meinung nach all diese Ratgeber von Personen geschrieben worden sind, die nie betroffen waren oder zumindest so schreiben als hätten sie sich über dieses Thema ein halbes Wissen angeeignet. Ich schreibe dieses Buch, weil ich selbst lange Zeit betroffen war und berichten möchte, wie es sich damit leben lässt ohne ein Blatt vor den Mund zu nehmen. Alle Notizen von diesem Buch stammen von meinem Tagebuch, dass in der Zeit geschrieben wurde, als ich mitten drin war. Ich habe alle meine Gefühle und Wahrnehmungen detailliert notiert und werde Sie daran teilhaben lassen.

Meine Geschichte...

Ich möchte zu Beginn meines Buches meine Geschichte erzählen und wie es dazu kam, dass ich dieses Buch schrieb. Ich bin 15 Jahre alt und litt lange Zeit an Depressionen. Sie werden sich nun wahrscheinlich denken, wieso Sie Lebens Ratschläge oder Tipps von einer noch so jungen Person annehmen sollten, wenn Sie wahrscheinlich einige Jahre mehr auf dem Buckel haben als ich. Nun ich kann Ihnen natürlich auch nur Ratschläge geben von Ereignissen aus meinem Leben, die ich bislang gesammelt habe aber im Gebiet Depressionen habe ich viel Erfahrung. Ich litt gute zwei Jahre an Depressionen, die immer schlimmer wurden bis zu dem Punkt an dem nichts mehr ging und ich mir das Leben nehmen wollte. Ich hatte mit dem Leben abgeschlossen und schon damit begonnen mir Gedanken zu machen an wen ich alles einen Abschiedsbrief schreiben würde und, was ich dort reinschreiben würde. Ich hielt meine Innenwelt immer vor allen Geheim, weil ich mich dafür schämte und mit der Zeit war ich so gut darin eine Maske aufzusetzen, dass ich begann mir diese Geschichte selbst abzukaufen. Da ich mir keine Hilfe holte, versuchte ich mich selbst zu therapieren und lass alles, was das Internet und die Bibliothek an Bücher und Artikel über Depressionen hergab. So konnte ich mir ein grosses Wissen darüber aneignen, welches mir natürlich auch half dieses Buch zu schreiben. Ich schrieb in den ganzen zwei Jahren dauernd Tagebuch um meine Innenwelt und Sorgen irgendwo deponieren zu können. Meine Notizen und Erfahrungsberichten halfen mir auch dabei nützliche Tipps und Tricks für Sie in diesem Buch zu schreiben.

  Ich besuchte zu dieser Zeit das Gymnasium und ich merkte, wie meine Noten dank der Depression immer schlechter wurden, denn eigentlich war ich eine gute und lernfreudige Schülerin. Ich konnte aber einfach nicht mehr lernen. Ich passte auch in der Schule nicht mehr auf. Irgendwie interessierte mich nichts mehr und ich konnte keinerlei Motivation aufbringen irgendetwas zu tun. Mit der Zeit wurde die Schule mir aber auch zunehmend egal. Irgendwann war ich am Punkt angekommen an dem ich alles nicht mehr aushielt und ich erzählte dann doch meiner Mutter, wie es mir geht. Ich hatte zwei Optionen in Betracht gezogen: Meine Innenwelt preisgeben und in Therapie zu gehen. Oder Suizid. Ich entschied mich für die erste Option. Zum Glück!! Ich begann eine stationäre Therapie im Spital. Ich war drei Monate in stationärer Behandlung und als ich dachte schon am Tiefpunkt angekommen zu sein, lachte sich das Schicksal ins Fäustchen. In der Zeit im Spital trafen mich mit der Zeit all meine runter gespielten Emotionen auf einmal, wie ein Schlag.

Ich ritzte mich zwar schon vor meinem Spitalaufenthalt aber ich konnte mit meinen Emotionen nicht mehr umgehen und verletze mich immer häufiger und schwerer im Spital. Dieser Aufenthalt lehrte mich viel fürs Leben, denn ich lernte mich wieder neu kennen und mit Hilfe von Medikamenten konnte ich die glückliche Version von mir auch wieder mal begrüssen auch, wenn es sehr viele Male gab an denen ich nur noch weinte oder herumschrie und es bereute mir nicht doch das Leben genommen zu haben. Als ich langsam dachte, dass alles besser werden würde bekam ich, wie aus dem nichts Halluzinationen und nahm Stimmen und Gestalten wahr, die nicht da waren. Ich musste nun gegen drei Krankheiten kämpfen, auch wenn ich nicht kämpfen wollte, denn für mich war meine Depression mein Freund. Das ritzen Entspannung. Und meine Halluzinationen echt. Ich bekam darauf hin noch weitere Medikamente, welche mehr Nebenwirkungen hatten als, dass sie tatsächlich nützten. Eigentlich war jeder, der mich kannte dafür, dass ich weiter in eine Psychiatrie verlegt werde. Ich wollte auf keinen Fall dort hin. Ich wusste zwar, dass es mir nicht gut ging, hatte aber dennoch das Gefühl dort fehl am Platz zu sein. Als ich die Jugendpsychiatrie anschauen ging war ich zumal geschockt und meine Bedenken bestätigt. Die Leiter fand ich unfreundlich und kalt. Die Zimmer waren, wie Gefängniszellen und vom «Time-out Raum» will ich gar nicht reden. Ich versuchte alle davon zu überzeugen, dass ich nicht dort hinmusste. Ich dachte oft daran, dass wenn ich doch dort hinmüsste, ich mir doch das Leben nehmen würde. Vielleicht hatte ich deshalb so sehr dagegen angekämpft dorthin zu gehen, denn mein Unterbewusstsein wollte leben. Ich fühlte mich als hätten alle das Gefühl gehabt ich sei unzurechnungsfähig oder nur ein aufmüpfiger Teenager, der sowieso keine Ahnung vom Leben hätte und auch nicht wüsste, was gut für mich sei. Ich wusste das jedoch sehr wohl. Ich wusste, wenn ich dort hin müsste würde ich gebrochen werden und nicht mehr gesund werden. Ich verstand sehr wohl auch die Ansicht von den anderen. Sie hatten Angst ich würde mir, wenn ich «frei» wäre das Leben nehmen. Ganz unsinnig war dieser Ansatz auch nicht. Ich wollte es aber trotzdem versuchen und ich wusste, dass ich es schaffen könnte ich gab allen sogar mein Wort, dass wenn es doch nicht gehen würde, dass ich mich dann trotzdem einweisen lassen würde. Nach sehr vielen Strapazen, Tränen und Diskussionen durfte ich dann doch nach Hause. Endlich! Ich wusste, dass ich mein Leben von nun an in den Griff bekommen müsste und auch stärker werden müsste. Ich gab nicht auf und entwickelte immer mehr Strategien gegen depressive Stimmungen und Ritzen und meine Halluzinationen verschwanden mit den Medikamenten auch. Ich war ein neuer Mensch. Einer, der wusste, was er vom Leben wollte und, wie man seine Ziele erreichen konnte. Ich war auch ein ganzes Stück reifer geworden durch all diese Erfahrungen, die ich gesammelt hatte. Irgendwann dachte ich mir, dass ich doch alle meine Erfolge, Notizen und Erfahrungen, die ich fleissig aufgezeichnet hatte, veröffentlichen könnte und ein Buch daraus machen könnte für all die, die in einer ähnlichen Situation stecken.

Was ist eine Depression?

Eine Depression ist eine durchaus heilbare psychische Störung. Die häufigsten Anzeichen sind Zb. langanhaltende, tiefe Traurigkeit, Interesse und Freudlosigkeit, Schuldgefühle, geringes Selbstwertgefühl, Schlafstörungen, Appetitlosigkeit, dauernde Müdigkeit und Konzentrationsprobleme.
Bislang sprachen wir von einem Stimmungstief. Genauso gut könnte man aber auch Niedergeschlagenheit sagen. Hören wir von jemandem, der niedergeschlagen ist, wissen wir, dass es sich um einen unangenehmen Zustand handelt, der aber nicht weiter schlimm ist. Doch erfahren wir, dass derjenige unter Depressionen leidet, wollen wir es entweder nicht wahrhaben oder reden es schön und tun so als wäre die ganze Sache nicht so schlimm oder empfinden die Situation als wesentlich mächtiger.
Es mag verwundern, doch zunächst bedeutet beide Wörter das Gleiche. Das Wort "Depression" leitet sich vom lateinischen "deprimere" ab, was in der Tat nichts anderes bedeutet als niedergeschlagen.
Unserer Alltagssprache ist es wohl zu verdanken, dass wir mit dem Begriff "niedergeschlagen" unsere Gefühle meinen und

etwas freizügiger umgehen, während wir mit der "Depression" oft von vornherein einen medizinischen Sachverhalt verbinden und viele diesen Begriff nach wie vor als Tabu Thema abstempeln. Ich kann bislang immer noch nicht verstehen, wieso genau die Depression in das Gebiet «Tabu Thema» gehört, denn schliesslich erkrankt fast jeder fünfte mindestens einmal in seinem Leben an einer Depression. Es ist nicht selten der Fall, dass das Umfeld von Depressiven oft mit wenig Verständnis reagiert und mit der Zeit sogar genervt oder aggressiv wird. Sachen, wie: «Stell dich nicht so an!» kriegen Depressive oft zu hören. Jedoch ist eine Depression im Berufsleben viel mehr ein Tabu als in der Gesellschaft, denn bei vielen gelten depressive Menschen als weniger belastbar, gestresster und Leistungsschwächer. Also redet man nicht darüber und dies schon gar nicht in Krisenzeiten, in denen viele Angst um ihren Arbeitsplatz haben. Dabei zählen Depressionen zu den häufigsten Gründen für Berufsunfähigkeit.

Was passiert in unserem Gehirn bei einer Depression?

Ob Gehen, Lachen oder Schwimmen– jedes Verhalten wird durch Nervenfaser in unserem Gehirn gesteuert. Auch unsere Wahrnehmung, unser Empfinden und unser Denken hängt von der Funktion unserer Nervenzellen ab. Sobald wir die Aktivität unserer Nervenzellen bewusst oder direkt beeinflussen zum Beispiel durch den Konsum von Rauschmittel (Alkohol, Drogen, Tabak) verändert sich auch unser Verhalten und unsere Wahrnehmung. Durch geringen Konsum von Drogen kann ein enormes Glückgefühl ausgelöst werden. Auch durch das Hören der Lieblingsband, beim Betrachten eines Bildes (oder allgemein Farben) verändert sich die Hirnfunktion und unsere Stimmung. Die rund 100 Milliarden Nervenzellen des Gehirns leiten ihre Aktivität bis in alle Verzweigungen ihrer Nervenenden durch elektrische Impulse fort wie kleine elektrische Kabel. Zwischen den Nervenzellen besteht jedoch keine direkte Verbindung. Um trotzdem Impulse zur nächsten Nervenzelle weiterleiten zu können brauchen die Zellen sogenannte Botenstoffe. Diese

Botenstoffe werden an knopfartigen Ausstülpungen der Nervenfasern, den sogenannten Synapsen, in den Zwischenraum zwischen den Nervenzellen, den synaptischen Spalt, ausgeschüttet. Die freigesetzten Botenstoffe gelangen zur angrenzenden Nervenzelle, wo sie sich an bestimmten Kontaktstellen (Rezeptoren) anlagern und über unterschiedlichste Wege ihre Wirkung, beispielsweise eine Aktivierung der nachfolgenden Nervenzelle, entfalten. Erreicht ein elektrischer Impuls die Synapsen, so werden nach und nach derartige chemische Botenstoffe (Neurotransmitter) in den synaptischen Spalt abgegeben.

Die wichtigsten Botenstoffe für die Entstehung und Aufrechterhaltung, aber auch Heilung einer Depression sind Serotonin und Noradrenalin. Die Nervenzellen, die diese speziellen Botenstoffe herstellen, liegen als Zellhaufen im Hirnstamm. Insgesamt sind es nur wenige Hunderttausend Nervenzellen was im Vergleich zu den 100 Milliarden Nervenzellen im Gehirn eine recht kleine Anzahl darstellt. Dieser Haufen kann aber trotzdem einen rechten Schaden anrichtet, wenn nicht zu genüge vorhanden. Sie besitzen aber extrem lange Ausläufer, sogenannte Axone, die durch das gesamte Gehirn ziehen, sich tausendfach verzweigen und über Synapsen mit vielen tausend anderen Nervenzellen Kontakt aufnehmen. Auf diese Weise entfalten diese den Botenstoff Serotonin produzierenden und freisetzenden Neurone eine große, eher global-modulierende Wirkung auf die Hirnfunktion, sind jedoch für eine exakte und rasche Signalübermittlung weniger gut geeignet. Dies gilt auch für die Neurone, die den Botenstoff Noradrenalin produzieren und freisetzen. Serotonin und Noradrenalin sind deswegen von besonderem Interesse, weil so gut, wie alle antidepressiv wirkenden Medikamente(ZBsp. SSRI: *Selektive Serotonin Wiederaufnahme Hemmer*) auf diese beiden Botenstoffe Einfluss nehmen. Dies legt den Gedanken nahe, dass bei einer Depression die Funktionsfähigkeit der Nervenzellen, die Serotonin und Noradrenalin produzieren, beeinträchtigt sind. Eindeutig zu belegen ist dies nicht, da die Konzentration des Serotonins oder Noradrenalins nicht direkt gemessen werden kann. Unser Gehirn ist ein ebenso faszinierendes wie äußerst komplexes Organ, demgegenüber die oben dargestellten Erklärungsansätze eine klägliche Vereinfachung darstellen.

Leben mit Depressionen…

Nicht nur für den betroffenen Menschen, sondern auch für sein Umfeld stellt die Krankheit eine einschneidende und belastende Zeit dar. Meine Mutter ist alleinerziehend und sie tat mir in der Zeit fast mehr leid, als ich mir selbst, weil ich ihr das nicht antun wollte. Sie hatte zwar wirklich eine beeindruckende Leistung erzielt, wie sie mit der ganzen Situation umging und mir stehts den Rücken gestärkt und auch viel Mut gegeben auch, wenn ich in dieser Zeit nicht immer nett war, denn als ich depressiv war, war mir so gut wie alles egal. Ich spürte nichts mehr und so behandelte ich zum Teil auch die Leute -völlig emotionslos. Das man sich aber auch Schuldgefühle für das eigene Erkranken macht ist zum einen verständlich aber zum anderen können Schuldgefühle und Selbstvorwürfe auch Symptome von einer Depression sein.

Das Leben wurde künftig von therapeutischen Sitzungen und Medikamenten bestimmt auch, wenn ich anmerken muss, dass ich einen wirklich tollen Psychologen hatte. Mein damaliger Psychologe war meiner Meinung nach in dieser Zeit genau der Richtige für mich. Was ich so an ihm schätzte war, dass er mir vertraute und mir auch meine Freiheiten liess. Mein Psychologe tat mir auch an manchen Tagen leid, denn wenn man schwer krank im Kopf ist und nicht mehr klar denken kann mit so vielen Medikamenten intus, tut man so manch dummes Zeug. Er musste mir ZBsp. an einem kalten Winter Tag hinterher rennen im Pullover, denn ich beschloss abzuhauen nach einer Sitzung. Was auch typisch für eine Depression sein kann, ist, dass man das Gefühl hat alle seien gegen dich und so trafen mich helfende Worte von meinem Umfeld und Psychologe ungewollt härter als sie waren oder interpretierte diese sogar falsch.
Mir gefiel ausserdem an meinem Psychologen wovon sich meiner Meinung nach viele anderen Psychologen eine

Scheibe abschneiden könnten, dass er meine Entscheidungen unterstützte und mir auch wirklich zuhörte und sich einfühlte. Er respektierte meine Meinung und gab mir das Gefühl, dass ich ihm voll vertrauen konnte. Ich bin ein absoluter Klugscheisser und wusste auch schon viel über Psychologie, wenn also mein Psychologe mir etwas erklären wollte, wusste ich oft schon darüber Bescheid. Ich fand es toll, dass er über die nötige Grösse verfügte und akzeptierte, dass ich vieles nun mal schon wusste und nicht auf «eingeschnappter Erwachsener» tat. Diese Qualitäten finde ich machten ihn zu einem tollen Psychologen, denn nicht jeder Psychologe ist auch ein guter Psychologe. Ich bin jedoch auch der Meinung, dass die Sympathie stimmen muss zwischen Patienten und Psychologe, damit man sich auch wirklich öffnen kann. Ich mochte ihn sehr und so konnte ich sehr offen über meine Gefühle reden.

In der Zeit, als ich im Krankenhaus war, merkte ich, wie sich viele meiner sozialen Kontakte veränderten und ich konnte in dieser Zeit gut erkennen, welches meine wahren Freunde sind und von welchen man in Zukunft besser die Finger lässt. Ich kann so dankbar sein, dass ich die aller beste Freundin habe, die ich mir nur hätte wünschen können. Lisa (Name wurde geändert) kam jeden Dienstagnachmittag nach der Schule mich auf der Station besuchen und brachte jedes Mal eine kleine Geste mit, welche mich aufmunterte. Einmal brachte sie mir zum Beispiel selbstgemachte Muffins und in jedem Muffin steckte ein motivierender Spruch. Ich freute mich jedes Mal sobald sie zur Tür raus ging auf nächste Woche. Wir sassen meistens auf meinem Bett und quatschten über allerlei Dinge. Sie erzählte mir von der Schule und den Mitschülern und, was sonst alles so passiert ist in dieser Woche. Sie konnte mich sehr gut ablenken und mir so ein paar unbeschwerte Minuten schenken.

Was heißt es wirklich - ein Leben mit Depressionen?

Wenn wir traurig sind, haben wir das Gefühl, dass wir unseren Freund auf den Zeiger gehen. Aus diesem Grund weichen wir ihnen lieber aus, auch wenn wir in einer Zeit, in der es uns schlecht geht gerade ihre Nähe brauchen würden. Natürlich ist der Gedanke an und für sich abwegig. Denn entweder sagen sie tatsächlich, dass wir ihnen mit unserem Gejammer auf die Nerven gehen oder aber, sie behalten es für sich haben dann aber auch kein Problem, uns später im Stich zu lassen. Freunde sind meiner Meinung nach genau dazu da eben nicht nur für uns da zu sein, wenn es uns gut geht, sondern eben auch unser Gejammer auszuhalten, wenn es uns mal schlecht geht.

Das Umfeld reagiert meist sehr unterschiedlich auf die Veränderungen des Betroffenen. Unverständnis aus Unwissenheit ist nur einer der vielen Gründe. Wesentlich schwerer wiegt, dass sich alle Beteiligte in einer hilflosen Situation befinden, in welcher keiner sich wohl fühlt und keiner so recht weiss, wie man daraus kommen soll. Betroffene wissen oft selbst nicht, was mit ihnen los ist, jedoch will das Umfeld oftmals eine Erklärung für das sonderbare Verhalten vom Betroffenen der in den meisten Fällen auch keine einfach so zum Ärmel aus schütteln kann. Doch wir sind nicht dafür da, unseren Liebsten ständig ein bequemes Leben zu bereiten. Jedoch kommen wieder Schuldgefühle auf, da man sich die Schuld an der ganzen Situation gibt. Doch um es nochmals in aller Deutlichkeit zu sagen: Der Betroffene hat keine Schuld!

Erkranken wir an einer Depression, macht uns niemand die Welt wieder heil. Wir müssen es selbst tun und noch zusätzlich mit all unseren Ängsten, Sorgen, Schlafstörungen und körperlichen Schmerzen zurechtkommen. Uns hilft niemand und wirklich verstehen kann uns auch keiner, da man nur selbst am besten weiss, wie man sich fühlt. Tatsächlich ist es so, dass uns das Leben niemand abnehmen kann. Wir müssen selber denken, fühlen und handeln und für unsere Taten einstehen. Das Leben besteht leider auch nicht immer nur aus Sonnenschein, sondern kann auch verdammt weh tun. Auch wenn es uns in dieser bestimmten Situation nicht so scheint, es geht jedem so und auch hinter jeder noch so dunklen Wolke versteckt sich die Sonne. Wir haben Anspruch darauf, glücklich zu sein und dürfen das Recht darauf auch einfordern. Das heißt: Unsere Freunde und Familie haben uns zu ertragen, der Arzt da zu sein, der Psychologe hat uns zuzuhören und die Verpflichtungen können auch mal warten. Viele denken nach dem Lesen einer Broschüre ist alles wieder gut, so nach der Idee: «Ich heile mich selbst und so schlimm ist es wohl doch nicht.» Doch können Broschüren kaum ein Gespräch ersetzen und das Lesen solcher Bücher, wie dieses hier können auch keine Professionelle Hilfe ersetzen aber sie sind schon mal ein grosser Schritt in die richtige Richtung. Die bittere Realität holt uns irgendeinmal schon noch ein und erwischt uns doppelt so hart. Zunächst müssen wir uns davon entfernen, uns vom Leben bestraft zu fühlen und uns nicht immer in die Opferrolle stellen. Wir müssen einsehen, dass es nicht an dem liegt, dass uns die Welt hasst, sondern wir an einer Depression erkrankt sind. Das klingt wie ein Horrorszenario und ist derweil eine ganz normale Krankheit. Wir sind normal krank. Punkt. Nicht mehr krank als einer mit Windpocken und nicht weniger als einer mit Krebs. Auch, wenn wir der Meinung sind, kurz vor dem Durchdrehen zu sein, wir werden nicht durchdrehen. Und auch, wenn uns Mitmenschen anderes einreden wollen, wir haben sehr wohl noch alle Tassen im Schrank. Auch, wenn die eine oder andere Tasse zwischen durch aus dem Schrank genommen werden muss und ordentlich mit Alkohol gefüllt werden muss, um noch einigermassen zu funktionieren nach einem harten Tag. Wir müssen akzeptieren, dass wir an einer heilbaren, doch durchaus schwerwiegenden Krankheit leiden, mit unangenehmen Begleiterscheinungen und dem Umstand, nicht immer von unseren Mitmenschen als «krank» anerkannt zu sein. Uns ereilen Ratschläge, dass mit gutem Willen alles geht und das Vorurteil, dass wir nur keine Lust haben. Wir wissen es besser und wir brauchen unsere letzte verbliebene Kraft nicht zu verschwenden, um mit aller Macht den ungläubigen Mitmenschen davon zu überzeugen, dass wir auch tatsächlich krank sind. Sie werden ihre Meinung behalten und wir desillusioniert sein. Tun wir uns das also nicht auch noch an, auf uns wartet noch genug. Was viele eben nicht verstehen oder nicht verstehen wollen ist, dass man als Aussenstehender eine Depression nicht als Krankheit erkennen kann, wie ein gebrochenes Bein aber wir vielleicht genauso viel Schmerz in unserem Körper verspüren. Nur, wenn das Bein gebrochen ist, kann man den Schmerz zentrieren und der Arzt gibt einem ein paar Schmerztabletten und nach ein paar Wochen ist alles vorbei. Leider klappt das nicht so gut bei Depressionen. Man verspürt zwar Schmerz kann aber zum Teil nicht immer ausfindig machen, was denn genau weh tut. Schmerzmittel kann man auch nicht wirklich nehmen, denn eigentlich ist ja nichts kaputt.

Selbstbild eines depressiven Menschen

Während einer Depression verändert sich auch unser Selbstbild. Kleine Tiefschläge, die wir zuvor noch locker weggesteckt hätten, nehmen uns plötzlich sämtliche Zuversicht. Wir befinden uns in einem nie zu enden wollenden Teufelskreis. Uns geht es schlichtweg schlecht. Nichts läuft mehr so, wie wir es uns wünschen. Wir fühlen uns Aufgaben nicht mehr gewachsen. Daraus ergibt sich unter Umständen eine übersteigerte Erwartung an uns selbst, der wir gar nicht gewachsen sind. Uns plagen sowieso schon Versagensängste und das kommt nun auch noch hinzu. Es stört uns plötzlich ungemein, dass einzelne Menschen uns nicht akzeptieren wollen, wie wir sind oder haben das Gefühl wir müssen jedem gefallen. Das macht uns regelrecht unglücklich. Wir können uns nicht mal daran erfreuen, dass wir Freunde haben, die zu uns stehen und uns mögen, denn wir können es ihnen nur noch schwer glauben, zu mindest dann nicht, wenn sie zu dem einen oder anderen Thema eine andere Meinung, wie wir haben. Und so sehr, wie wir an einer nahestehenden Person hängen, können wir mit ihrem Verlust oder auch nur geglaubten Verlust nicht umgehen. Ein weiteres Leben ohne sie ist nicht vorstellbar. Unsere Gefühle werden für uns selbst nicht mehr kontrollierbar, nicht mehr steuerbar. Ich selbst hatte das Gefühl, dass mich niemand mehr mochte geschweige denn wollte. Ich bin wahrscheinlich auch nicht die Einzige, die während einer Depression zum Nihilismus tendierte. Die Welt erscheint einem sinnlos und alle Ziele, die man sonst so ambitiös verfolgte scheinen plötzlich total sinnlos und ohnehin schon utopisch, wenn es darum geht diese Ziele auch zu realisieren. Meine Sicht auf die Welt war also vollkommen verdreht und meine Weltansicht basierte nur auf Denkfehler.

Dies kann uns die kognitive Triade gut aufzeigen. Sie ist ein Teil des kognitiven Erklärungsmodells der Depression nach Aaron T. Beck. Nach diesem Modell handelt es sich bei einer Depression, wie schon erwähnt, um eine kognitive Störung, die auf einer verzerrten Sicht der Realität basiert (Denkfehler). Im Modell wird die Depression durch drei negative Ansichten oder auch Triaden induziert und aufrecht gehalten:

- Negative Sicht der Welt
- Negative Sicht der eigenen Person
- Negative Sicht der Zukunft

7 Dinge, die nur Menschen mit Depressionen verstehen

Depression ist eine heimtückische Krankheit, die für die meisten auch nicht richtig fassbar ist.
Für Menschen mit Depressionen ist die Welt ein anderer Ort. Ein Paralleluniversum, in dem die Zeit sich endlos ausdehnt, eine Welt, die gegen uns ist. Eine Welt in der Dunkelheit und Einsamkeit herrscht. Kleinigkeiten werden zur größten Herausforderung.

Depressionen sind eine ernstzunehmende Erkrankung, über die es immer noch zu viele Missverständnisse gibt. Denn wie es sich wirklich anfühlt, wenn die Depression ihren schwarzen Schleier über die Welt legt, können die wenigsten nachempfinden. Hier sind 7 Dinge, die nur Menschen mit Depressionen verstehen:

1. Zeit ist ein subjektives Empfinden
Quälend langsam schieben die Zeiger sich am Zifferblatt entlang, während da draußen Hektik und Produktivität herrscht. Wenn man an einer Depression erkrankt ist, hat man oft das Gefühl, in einer Parallelwelt zu leben, die völlig anderen Naturgesetzen folgt. Dieses Gefühl ist sogar wissenschaftlich belegt: Wissenschaftler der Johannes-Gutenberg-Universität in Mainz stellten fest, dass depressive Menschen ein anderes Empfinden für Zeit besitzen. Konkrete Zeitintervalle konnten sie jedoch genauso gut einschätzen, wie die gesunde Kontrollgruppe.

2. Eine Depression ist der Vampir unter den Krankheiten
Sie lauert im Verborgenen und wartet nur darauf, zuzuschlagen. Du hörst sie nicht kommen, denn dafür ist sie zu flink und zu listig. Sie versenkt ihre Reiszähne in deiner Psyche und saugt deine Zuversicht aus, deine Energiereserven und dein Selbstwertgefühl. Du bist machtlos, denn du kannst es nicht verhindern. Hat sie dich einmal in ihren Klauen, wirst du nie wieder der Mensch sein, der du einmal warst. Du wurdest 'verwandelt'. Dein erstes Gefühl sagt dir: Behalte es für dich, niemand darf es erfahren. Die Sonne

brennt vom Himmel und würdest du raus gehen würdest du zu Staub zerfallen. Die Dunkelheit ist dein Spielplatz.

3. Depressiv ist nicht gleich traurig
Das Wort "depressiv" wird häufig benutzt, wenn eigentlich "traurig" gemeint ist. Doch die beiden haben fast gar nichts miteinander zu tun. Diese Verwechslung macht es Betroffenen im Umgang mit Freunden und Bekannten oft schwer. «Depression» ist ein klinischer Begriff. Es ist sehr wichtig das zu verstehen, denn eine Depression ist nicht einfach ein Gemütszustand, sondern eine echte und anerkannte Krankheit. Wenn man von depressiv spricht ist man viel mehr leer und niedergeschlagen als wirklich konkret traurig. Diese beiden Zustände fühlen sich auch nicht gleich an. Wenn man traurig ist hat man meistens einen Grund oder einen Anlass, der einem traurig macht. Traurigkeit vergeht auch meistens irgendwann wieder. Wenn man depressiv ist, fühlt man sich viel mehr leer und einsam, was einem vielleicht ein ähnliches Gefühl, wie Traurigkeit gibt.

4. Manchmal reicht die Energie nicht mal zum Aufstehen
Depressionen können die einfachsten Dinge zu einer scheinbar unmöglichen Herausforderung machen. Aufstehen. Zähneputzen. Das Haus verlassen. Es gibt Tage, an denen die Krankheit den Alltag vollkommen beherrscht. Warum depressive Menschen nicht aus dem Bett kommen? Es liegt nicht daran, dass sie sich gerne unter den Laken einkuscheln. Es liegt daran, dass depressive Menschen sich nicht dazu überwinden können das Bett zu verlassen, weil sie darin entweder nicht den Sinn sehen oder es zu anstrengend ist. «Zu anstrengend» klingt wahrscheinlich für nicht betroffene Personen unvorstellbar, sofern diese noch nie daran erkrankt sind. Aber es ist in der Tat so, dass man zu fast keiner Motivation und Energie findet. Fast jede Aktivität oder Aufgabe wird zu einer schmerzhaften Tortur, selbst so einfache Dinge, wie duschen oder sich anziehen werden zu enormen Aufgaben, die nun Stunden dauern für die man sonst keine 20 Minuten hatte.

5. Es ist körperlich spürbar

Dass Depressionen eine rein psychische Erkrankung sind, ist eines der größten Missverständnisse. Die meisten Betroffenen haben körperliche Symptome. Das führt dazu, dass viele nicht wissen, dass sie depressiv sind und glauben, dass etwas anderes mit ihnen nicht stimmt. Körperliche Symptome von Depressionen können Kopfschmerzen, Rückenschmerzen, Übelkeit, Ruhelosigkeit, Magenschmerzen, Gelenk- und Muskelbeschwerden sein. Natürlich sind Symptome und deren Ausprägung von Patient zu Patient verschieden. Diese körperlichen Symptome in Kombination mit den psychischen Symptomen beeinträchtigen das tägliche Leben der Betroffenen. Es hängt alles zusammen, man kann nicht nur auf das Äussere achten, sondern muss auch das Innerer bedenken.

6. Depressionen sind nicht logisch

Depressionen sind hinterlistig und verschlagen. Betroffene können einen guten Tag haben und bevor man sich versieht zieht die Depression einem in den Abgrund und oftmals gibt es dafür einfach keinen nachvollziehbaren Grund. Es gibt Momente, in denen sich Traurigkeit kaum erklären lässt, der Schmerz kaum in Worte zu fassen ist. Wer selbst nicht betroffen ist, kann diese Willkürlichkeit kaum nachvollziehen. Und selbst Betroffene müssen sich in solchen Momenten daran erinnern, die Situation so zu akzeptieren, wie sie ist und sich nicht mit Selbstvorwürfen zu quälen. Depressionen folgen keiner Logik und keinem gleichbleibenden Muster. Das macht es so schwer, mit ihnen umzugehen. Sie sind nicht berechenbar.

7. Es ist beängstigend

Die Angst ist ein täglicher Begleiter. Die Angst, dass es nie vorbeigehen wird. Die Angst, dass es noch schlimmer werden könnte. Die Angst, dass Freundschaften oder Beziehungen an der Krankheit zerbrechen könnten. Die Angst die Kontrolle über sich und seine Gefühle und Gedanken zu verlieren. Aber auch das Gefühl, das eigene Leben nicht unter Kontrolle zu haben. Die Unberechenbarkeit der Krankheit macht Depressionen so furchtbar beängstigend.

Depressive Denkfehler/kognitive Verzerrungen

Kognitive Verzerrungen tragen zur Aufrechterhaltung psychischer Störungen, wie Depression bei, da durch die Verzerrung der Wahrnehmung keine korrigierenden Erfahrungen gesammelt werden können, die bisherige Überzeugungen infrage stellen würden.

Während einer Depression sind depressive Denkfehler meist ein ständiger Begleiter. Man wird oft von Kurzschlussdenken oder schwarz-weiss denken geplagt. Man kann nicht mehr richtig Dinge planen, weil der Tunnelblick zu eng ist. Man verliert sein rationales Denkvermögen, weil die Gefühlswelt völlig auf dem Kopf steht und man alles nur noch emotional begründet.

Haupttypen kognitiver Verzerrungen im Krankheitsbild

- **Willkürliche Schlussfolgerungen** - Schlussfolgerung, ohne andere Erklärungsmöglichkeiten zu prüfen. Man besteht auf die erste mögliche Lösung.
- **Übergeneralisierung** - Eine allgemeine Theorie wird wegen einer einmaligen Erfahrung aufgestellt. Die Schwierigkeit, aufgrund von Erfahrungen auf allgemeine Regelmäßigkeiten zu schließen, wird in der Philosophie als Induktionsproblem bezeichnet. Beispielsweise könnte jemand, der dreimal auf eine Bewerbung eine Absage erhielt, sagen: „Ich werde nie eine Zusage bekommen".
- **Dichotomes Denken** („Alles-Oder-Nichts-Denken") Es wird nur in zwei Kategorien unterschieden, d.h.: Es gibt keine Zwischenstufen. Beim Schwarz-Weiß-Denken schiebt der Betroffene neutrale (graue) Informationen in die negative (schwarze) Kategorie.
- **Personalisierung** - Dabei sieht man sich selbst als Ursache für negative Ereignisse oder Probleme, obwohl auch andere Personen, Umstände oder Umwelteinflüsse verantwortlich sein könnten. Beispielsweise könnte ein

Kind denken: „Es ist meine Schuld, dass sich meine Eltern getrennt haben.» Ereignisse werden auf die eigene Person bezogen.

- **Maximieren und Minimieren** - Übertreibung von Ereignissen in eine Richtung und die Untertreibung von Ereignissen in die andere Richtung.
- **Katastrophisieren** (auch „Magnifizieren des Negativen") - Überbewertung von möglichen Ereignissen in die schlimmste mögliche Richtung.
- **Emotionale Beweisführung** - Das eigene Gefühl wird als Beweis für die Richtigkeit einer Annahme herangezogen. Beispielsweise könnte jemand denken: „Ich fühle mich schlecht, also muss ich etwas falsch gemacht haben". Oder eine Person mit Magersucht denkt: „Ich fühle mich dick, also bin ich dick». Ein Patient mit Zwangsstörung könnte denken: „Wenn ein Gedanke ein so starkes negatives Gefühl auslöst, ist das ein Beweis für die Wichtigkeit des Gedankens.
- **Selektive Aufmerksamkeit** („Tunnelblick) - Nur einen bestimmten Aspekt des gegenwärtigen Lebens sehen. Man sieht z.b nur noch die Misserfolge, die man erzielt hat und nicht mehr den langen steinigen Weg, den man hinter sich hat, um an das Ziel zu gelangen.
- **Disqualifizierung des Positiven** - Positives wird zurückgewiesen, weil es aus irgendeinem Grund nicht mehr zählen soll. Wenn man schon so in dieser depressiven Welt lebt, will man das Gute gar nicht mehr wahrhaben, da es für einem nebensächlich wurde.
- **Schuldzuweisung** - Anderen die Schuld dafür geben, dass man sich schlecht fühlt, was dazu beiträgt, dass man das eigene Verhalten nicht ändern muss. Ich muss gestehen ich war auch mal an diesem Punkt angelangt. Ich suchte für mein Leiden die skurrilsten Ausreden nur, um endlich einen Sündenbock zu haben.
- **Der Glaube, immer im Recht zu sein:** Besonders, wenn es dann Richtung Behandlung geht, wird man mit seinem Verhalten und seinem Denken konfrontiert. Man will es nicht wahrhaben, dass vielleicht doch etwas nicht ganz stimmt mit der eigenen Gesundheit. Man bezeichnet

das Umfeld oder den Psychologen als Irre, weil sie einem nur helfen wollen, aber in dem Moment merkt man eben selber nicht mehr, dass das eigene Verhalten vielleicht doch fragwürdig ist. Man ist es sich schon so gewöhnt mit dieser Haltung in die Welt zu blicken, dass einem gar nicht mehr klar ist, wie es denn früher mal war.

Von Suicidgedanken bis zum Selbstmord

Wenn wir vor einer schwierigen, scheinbar unüberwindbaren Situation stehen, suchen wir einen Ausweg. Dieser kann in einem guten Essen, in einer Aktivität mit Freunden oder einem Kinoabend bestehen. Hilft dies jedoch nichts, suchen wir nach weiteren Möglichkeiten diesen inneren Konflikt, das vermeidliche Leid zu kompensieren, vielleicht mit Unmengen an Schokolade oder aber in Schlaftabletten und Alkohol, um überhaupt mal wieder zu schlafen, oder man greift zu Drogen, um mal wieder einen Adrenalin-kick zu bekommen oder man greift zur Klinge und ritzt sich nur, um irgendetwas zu spüren. Jeder hat seine eigene «Strategie», um mit Stress umzugehen.

Und was ist, wenn das Leben immer noch nicht aushaltbar erscheint? Wenn wir suchen und suchen, doch keine Lösung finden, die von Dauer ist?
 Es ist nicht selten, dass sich für einen depressiven Menschen der eigene Tod als mögliche Lösungsoption darstellt, mitunter als die einzige Lösung. Es ist ein Irrglaube zu meinen, jemand, der von Suizid spricht, würde keine konkrete Absicht haben, denn jeder Hinweis auf einen möglichen Suizid ist ein Warnsignal, den man ernstzunehmend hat. Insofern sollte man generell wachsam sein, wenn jemand Anzeichen hat oder es gar erwähnt, dass er «nicht mehr kann» und «mit dem Leben fertig ist» und «alles keinen Sinn mehr macht». Allein schon solche Aussagen zeigen bereits, dass der Mensch unglücklich in seiner gegenwärtigen Position ist und sich von seiner Umwelt überfordert oder auch im Stich gelassen fühlt. Oft helfen vertrauensvolle Gespräche mit einer nahestehenden Person, dem Hausarzt oder einem

Psychologen, um den depressiven Menschen zumindest den vorübergehenden Mut zum Weiterleben verleihen.

Und wenn nicht?
Dann ist eine stationäre Behandlung leider nicht mehr aufschiebbar. Nun kann es durchaus sein, dass man einfach nicht die richtigen Worte findet oder es sie auch gar nicht gibt und der depressive Mensch jeden Vorschlag, sich professioneller Hilfe zu holen nur noch als persönlichen Angriff oder als Beleidigung empfindet. Es geht ihm schlecht und wir haben kein Verständnis, wollen seine Probleme nicht hören oder unterstellen ihm gar, dass er nicht zurechnungsfähig sei. Zumindest denkt er das. So sehr er wollte, kann er in dem Augenblick keine andere Sichtweise annehmen. Wichtig ist sich in dieser Situation nicht zurückzuziehen bzw. tatenlos zuzusehen.

Was kann man tun?
Bemerken wir an uns ein langanhaltendes Stimmungstief, sind wir nur noch traurig und erschöpft nach nur kleinen Aktivitäten und schlafen sehr viel oder unruhig oder finden den Schlaf vielleicht gar nicht mehr, sollten wir dringend das Gespräch zu jemandem suchen. Keinesfalls dürfen wir uns die Schuld geben, Hilfe zu benötigen, denn wir haben keine Schuld. Wir dürfen uns auch nicht schämen und deshalb nichts sagen. Diese «Strategie» habe ich fast zwei Jahre gebraucht und wo endete es? An dem Punkt, an dem ich wirklich nicht mehr konnte und einen totalen Zusammenbruch erlitt. Ich hatte wirklich starke Suizidgedanken und hätte schon lange Zeit vorher Hilfe benötigt, insbesondere hätte ich früher Bescheid gesagt hätte schlimmeres vermieden werden können.

Hürden für eine erfolgreiche Behandlung

Auch wenn eine Depression behandelbar ist, kann es ein weiter Weg sein, bis der Betroffene die Notwendigkeit einer Therapie einsieht. Dabei können folgende Punkte eine Rolle spielen:

Der Betroffene sieht die erlittene Depression nicht als behandlungswürdige Erkrankung an. Er steigert sich hinein, dass die Ursache sein ganz persönliches Versagen ist. Depressive Menschen empfinden eine Sinnleere. Dadurch haben sie Schwierigkeiten, sich alltäglichen Aufgaben zu stellen, somit auch vereinbarte Gesprächstermine wahrzunehmen und Medikamente zeitgerechnet einzunehmen. Sie sehen somit auch die Notwendigkeit von einer Therapie nicht ein. Eine nahestehende Person kann hier unterstützend wirken, eine Struktur zu gewinnen, Termine einzuhalten und bspw. gemeinsam Sachen unternehmen. Viele haben generelle Vorbehalte gegenüber der Einnahme von Medikamenten, verursacht aus der Angst vor Nebenwirkungen und möglichen Beeinträchtigungen, die so bedrohend auf dem Beipackzettel aufgelistet sind. Dem Betroffenen fehlt möglicherweise die Einsicht in den Nutzen. Das ist insbesondere dann der Fall, wenn er sich bereits besser fühlt, doch tatsächlich noch keine vollständige Genesung vorliegt.

Nicht selten sind wir gehemmt, uns einer Person anzuvertrauen, insbesondere, wenn es um unser Seelenleben geht. Dadurch treten wir lieber den Rückzug an, als dass wir etwas von uns preisgeben würden. Das kann jedoch unweigerlich zu Fehlinterpretation innerhalb des Umfeldes führen (bspw. Denkt das Umfeld man will nicht mehr mit ihnen zu tun haben). Missverständnisse können damit provoziert werden und der Kontakt möglicherweise gar abbrechen. Bei einem depressiven Menschen kann das zu einer Verschlimmerung der Symptome und damit des Krankheitsbildes führen.

Nach dem Krankenhaus

Es dauerte einige Tage, bis ich richtig zu Hause ankam. Es war ungewohnt. Ich fühlte mich plötzlich wieder frei. Diese Freiheit fühlte sich zwar gut an, weil ich mich wieder rechts und links bewegen konnte ohne, dass dies von jedem kommentiert wurde. Die gewonnene Freiheit machte aber auch Angst. Ich wusste, dass dies meine letzte Chance war. Ich wusste, wenn ich dies vermasseln würde, müsste ich doch in die Psychiatrie. Ich hatte grosse Angst, dies nicht zu schaffen, da ich keine Ahnung hatte, wie dies gehen sollte und ich nach wie vor die gleichen Verhaltensmuster hatte, die noch durchbrochen werden mussten, aber trotzdem hatte ich eine kleine Stimme in mir, die mir Mut zusprach und wie die Stimme von Tag zu Tag lauter wurde, wurde auch ich von Tag zu Tag stärker und liess die depressive Stimmung immer mehr hinter mir und wurde allmählich immer positiver und stärker. Ich würde sagen mein Geheimnis zum Erfolg war es alte Verhaltensmuster zu durchbrechen und gar keine neuen aufkommen zu lassen. Indem ich alte Verhaltensmuster unterbrach konnte ich sogar mit der Selbstverletzung aufhören. Ich fühlte mich frei und Herr über meine eigenen Taten. Ich konnte machen was ich wollte, da es mein freier Wille war. Ich kam zum Punkt, an dem ich mir überlegte: «Wenn ich wüsste, dass ich nicht verlieren könnte, was würde ich machen?» Ich kam auf ein paar Ideen und machte mir diese zu meinen Zielen. Eines meiner neuen Ziele wurde, dass ich die verpassten Monate aufarbeiten will und das Schuljahr nicht repetieren müsste. Eigentlich war dieses Ziel so gut wie unmöglich hinsichtlich, dass ich die Materialien nicht hatte, nur noch 1 Monat Zeit hatte und selber nicht wusste, wie dies meine Gesundheit mitmachen würde. Auch alle meine Lehrer waren der Meinung, dies sei unmöglich und manche rieten mir sogar davon ab es versuchen zu wollen. Ich gab aber nicht auf und sagte mir, ich hätte mir dieses Ziel schliesslich gemacht mit dem Gedanken nicht verlieren zu können und verfolgte mein Ziel. Bei Beginn der Sommerferien war dies geschafft! Ich hatte die verpassten Prüfungen, den verpassten Schulstoff und alles andere aufgearbeitet und konnte in die nächste Stufe übertreten nach den

Sommerferien. Ich bin der Meinung, wenn man sich gewohnt ist, dass der Alltag nicht von einem selbst, sondern von der Depression bestimmt wird, verliert man sehr viel Zeit. Wenn man langsam auf dem Weg der Besserung ist, sollte man parallel sich mit der selbst Organisation auseinandersetzen, denn in meinem Fall war Organisation die halbe Rechnung zum Erfolg. Wer sich nur dazu entscheidet von nun an nicht mehr der verführenden Stimme der Depression zu gehorchen und anfängt wieder zu leben, wird feststellen, dass man mind. 1 Stunden mehr Zeit hat am Tag. Nun was macht man nun mit dieser gewonnenen Zeit? Man sollte sich einen Plan ausdenken mit Dingen, die man machen kann. Überlegen Sie sich, was Ihnen Spass machen würde und fertigen Sie sich eine «Bucket -list» an. Dazu benötigen Sie nur ein grosses Glass oder einen Korb und Papier. Schreiben Sie nun auf die Zettel verschiedene Aufgaben oder Tätigkeiten ZBsp. Bibliotheksbesuch, Fahrradfahren, Buch lesen, kochen etc., auf. Jedes Mal, wenn Sie nun nicht wissen was machen, nehmen Sie sich ein Zettel und führen dies aus. Oder für langfristige Beschäftigung bauen Sie ZBsp. ein, dass Sie jeden Tag nach der Arbeit einen Spaziergang machen, oder meditieren oder was Ihnen sonst so gefällt (wenn möglich ohne Technik, da Technik ein Genussmittel ist und mit Bedacht verwendet werden soll. Wir wollen ja nicht neue Verhaltensmuster kreieren.)

Welche Formen der Depression gibt es?

Eine Depression ist nicht gleich eine Depression. Auch wenn die Symptome meistens in die gleiche Richtung gehen gibt es verschiedene Formen der Depression. Dies ist natürlich entscheidend bei der Auswahl der richtigen Therapie und allenfalls der richtigen Medikamente.

Allgemein lassen sich Depressionen in vier verschieden Arten benennen. Dazu zählen die Endogene Depression, die Somatogene Depression, die Psychogene Depression und die Depressionen in besonderen Lebenslagen. Man unterscheidet und differenziert innerhalb der vier Kategorien nochmals.

Ausschlaggebend dafür, an welcher der Depression Arten man erkrankt ist, ist meistens die Ursache, welche die Erkrankung hervorgerufen hat.

Endogene Depressionen

Von einer endogenen Depression spricht man dann, wenn es weder eine körperliche, noch eine psychische Ursache für die Depression gibt. Deswegen nimmt man an, dass die Ursachen von innen heraus entstanden sind. Ursachen, welche durchaus dafür verantwortlich sein können, dass man an einer endogenen Depression erkrankt ist, sind Stoffwechselerkrankungen in den Gehirnzellen, wie beispielsweise ein Noradrenalin- oder ein Serotoninmangel, aber auch genetische Faktoren können zu dieser Depressionsart beitragen. Oftmals werden die Ursachen von dem Patienten nicht wahrgenommen oder einfach aus Scham verdrängt und brechen erst viel später aus ihm heraus. Innerhalb der endogenen Depression wird nochmals eine Unterscheidung in die bipolare oder die unipolare Depression vorgenommen. Allgemein kennzeichnen sich endogene Depressionen dadurch, dass es einen phasenhaften Verlauf gibt. Zunächst beginnt diese Depressionsart sehr langsam, der Betroffene spürt kaum Anzeichen für eine Depression. Die unipolare Depression zeigt sich meist in vier Erkrankungsphasen und kann sich in der klassischen Melancholie zeigen. Ihren Namen hat die an der häufigsten auftretenden Erkrankung bei den Depressionen dadurch, dass sie einpolig ist und die Patienten nur depressive, aber keine manischen Phasen aufweisen. Ein weiterer Name dafür ist Major Depression.

Die typische Depression - Major Depression - Endogene Depression

Eine typische Depression ist eine schwere Depression, die früher auch als endogene Depression bezeichnet wurde. Genannt wird sie zudem auch Major Depression, übersetzen könnte man dies mit «Hauptsächliche Depression». Wenn ein Mensch an einer typischen Depression erkrankt, ist er im Durchschnitt ungefähr 25 Jahre alt. Dies ist jedoch nur ein Durchschnittswert, da die Major Depression in jedem Alter auftreten kann. In den meisten Fällen ist es so, dass vor der depressiven Phase ein stark negatives Erlebnis aufkommt. Beispielsweise wird die Major Depression häufig durch Verlust ausgelöst, sei es durch Verlust oder Trennung. Allerdings sind auch andere Auslöser bekannt, wie zum Beispiel:

- Chronische Erkrankungen
- Abhängigkeit von Tabletten
- Alkoholsucht

Wenn eine Major Depression auftritt, kann es zu einem massenhaften Verlauf kommen. Darunter versteht man ein wiederkehrendes Aufkommen von depressiven Episoden, wohingegen es auch Zeiten gibt, welche durch die depressive Erkrankung nicht betroffen werden. Leider ist es so, dass die typische Depression eine so schwerwiegende Krankheit darstellt, dass die Möglichkeit eines Suizidversuchs besteht. Schätzungen haben ergeben, dass rund 15% der betroffenen Personen bei Nichtbehandlung der Major Depression tatsächlich einen Suizidversuch starten.

Bipolare Störungen - Manisch-depressive Störungen
Bipolare Depressionen sind eindeutig von den unipolaren Depressionen zu unterscheiden. Ein wesentliches Merkmal bei der bipolaren Depression ist, dass der Betroffene nicht nur depressive sondern auch manische Phasen hat. Der Patient erlebt also sowohl Momente der Traurigkeit als auch Phasen, in denen er sich und seine Fähigkeiten enorm überschätzt. Wie die Abstände zwischen den depressiven und den manischen Phasen sind, kann man in den meisten Fällen leider nicht vorhersagen. Es können sowohl Monate als auch Jahre zwischen den beiden Phasen liegen. Die bipolare Depression wird nicht selten auch als "manisch-depressive Erkrankung" bezeichnet.

Zyklothymie - zyklothyme Störung
Treten bei einem Menschen mehrere Jahre lang stark schwankende Stimmungslagen auf, die nicht in Zusammenhang mit der jeweiligen Lebenslage stehen, so ist meist die Rede von einer Zyklothymie. Bei solchen

Stimmungsschwankungen durchlebt der Betroffene abwechselnd Phasen mit sehr guter Stimmung und Phasen mit depressiver Stimmung. Ein solches Auf und Ab der Stimmungslagen kann man auch mit den Stimmungsschwankungen einer bipolaren Störung vergleichen, wobei sie jedoch weniger stark ausgeprägt sind, als es bei einer manisch-depressiven Krankheit der Fall ist – und zwar sowohl bei der depressiven Phase, als auch in der manischen Phase. Die positiven Stimmungsphasen werden bei der zyklothymen Störung von dem Betroffenen häufig als sehr angenehm und auch kreativ wahrgenommen. Die Phasen mit depressiver Stimmung können jedoch sehr belastend sein. Jemand, der an einer Zyklothymie erkrankt ist, leidet üblicherweise nicht sehr extrem. Dies führt dazu, dass die Betroffenen häufig meinen, eine Behandlung sei in ihrem Fall nicht notwendig. Außerdem bemerken sie oftmals überhaupt nicht, dass ihre Stimmung so oft und heftig umschlägt. Dies führt dazu, dass die Erkrankung der zyklothymen Störung häufig nicht bemerkt wird und folglich auch nicht behandelt werden kann. Es kommt daher immer wieder vor, dass die Mitmenschen des Erkrankten, insbesondere das Umfeld, feststellen, wie sich der Betroffene immer mehr verändert. Vor allem die Stimmungsschwankungen werden natürlich wahrgenommen, aber es wird auch festgestellt, dass sich der Betroffene anders verhält als sonst üblich. Dazu gehört beispielsweise auch das soziale Verhalten des Erkrankten. Außerdem nimmt die betroffene Person sich als Folge der zyklothymen Störung selbst anders wahr, als es sonst der Fall war. Wie eine zyklothyme Störung dann letztendlich behandelt wird, hängt von dem Patienten ab. Der behandelnde Psychiater oder Psychologe wird hier eine individuelle Behandlungsform festlegen. Dabei gibt es zwei wesentliche Bausteine, die verwendet werden können:

- Psychotherapie
- Therapie mit Medikamenten

Dysthymie - neurotische Depression
Die Dysthymie ist eine krankhafte Neigung zu trauriger Stimmung. Sie stellt eine Unterform einer chronischen

Depression dar, ist aber nicht so schwer, dauert dafür länger. Meistens sind die Betroffenen ca. 2 Jahre depressiv, es gibt aber in dieser Zeit auch glückliche Phasen. Oft jedoch herrscht eine niedergeschlagene Stimmung, die Betroffenen sind oft müde und fühlen sich kraftlos. Die langanhaltenden depressiven Phasen sind typisch depressiv, also man ist niedergeschlagen, müde, hat kein Selbstwertgefühl, ist unsicher, hat Angst. Obwohl man diese Form der Depression als leichter bezeichnet als eine typische Depression sollte man sich nicht täuschen lassen: Auch bei dieser Form leiden die Betroffenen sehr unter der Krankheit! Man kann sogar fast vom Gegenteil sprechen: Bei einer schweren Depression kann gut Hilfe angeboten werden, so dass die Depression schnell wieder vergeht, Depressive, die an einer dysthymischen Depression erkrankt sind, können aufgrund der längeren Dauer und der Hartnäckigkeit der Störungen daran verzweifeln und resignieren. Sie halten sich selbst für nicht behandelbar und deswegen auch für unheilbar krank. Sie können zwar den Alltag mehr schlecht als recht bewältigen, jedoch strengt sie alles sehr an und es bleibt kein Raum für Entspannung und Erholung übrig. Eine Dysthymie tritt meist im frühen Erwachsenenalter auf und kann sich über viele Jahre hinziehen. Dabei variiert die Intensität der Störung ständig.

Somatogene Depression
Eine weitere Depressionsart ist die somatogene Depression, die in einem direkten Zusammenhang mit körperlichen Krankheiten steht. Allerdings sind somatogene Depressionen eher selten. Dennoch nimmt man hier eine Unterteilung in symptomatische, organische und pharmakogene Depressionen vor.

Symptomatische Depressionen
kennzeichnen sich dadurch, dass die Depression als ein Symptom einer Erkrankung auftritt. Erkrankungen, die eine symptomatische Depression hervorrufen können, sind unter anderem endokrine Krankheiten, wie zum Beispiel Morbus Cushing, Morbus Addison oder Schilddrüsenstörungen, gewisse Infektionskrankheiten, chronische Herz-Kreislauferkrankungen, oder aber Nierenerkrankungen.

Ebenso können Erkrankungen, wie Lebererkrankungen, ein Pankreaskarzinom, chronisch obstruktive Lungenerkrankungen und Vitaminmangelerkrankungen zu einer symptomatischen Depression führen.

Psychogene Depression
Die dritte Gruppe der Depressionsarten sind die psychogenen Depressionen. Auffällig hierbei ist, dass das Auftreten der Symptome immer in einem nachweisbaren Zusammenhang mit seelischen Belastungen steht. Es besteht also eine Verbindung zwischen traumatischen Ereignissen und dem Auftreten der Depression. Eingeteilt werden die psychogenen Depressionen in die reaktive Depression, die neurotische Depression und in die Erschöpfungsdepression.

Depressionen in besonderen Lebenslagen
Und zu guter Letzt die vierte Kategorie, nach der sich die unterschiedlichen Depressionsarten einteilen lassen, sind die Depressionen in besonderen Lebenslagen. Hier besteht immer ein deutlicher Zusammenhang zwischen den individuellen Lebensumständen und den Symptomen der Depression. Auch innerhalb dieser Depressionsart lassen sich noch mehrere Formen unterscheiden. Neben der Klimakterischen Depression gibt es noch die Wochenbett-Depression, die Alters-Depression, die Depression im Kindesalter, die Sekundäre Depression und die Winterdepression. Viele Menschen kennen die Winterdepression, weil sie selbst von ihr betroffen sind oder es waren und dieses Wort in die Mode gekommen ist. Leichte bis mittelschwere Depressionen, die insbesondere zu "dunkleren Jahreszeiten", wie Herbst und Winter, auftreten, führen dazu, dass die Betroffenen antriebslos werden, sich sozial zurückziehen, gedrückt und verstimmt sind und ein gesteigertes Hungergefühl haben. Ursache für das Aufkommen einer Winterdepression kann die veränderte Rhythmik der Melatonin-Ausschüttung sein.

Depressionen in der Pubertät

Depressionen bei Jugendlichen haben nichts zu tun mit schlechten Erfahrungen in der Pubertät, Hormonstörungen oder einer unglücklichen Liebe. Tatsächlich sind auch in diesem Alter Depressionen eine ernst zu nehmende Krankheit. Bis zu 20 % der Jugendlichen haben depressive Phasen, bevor sie erwachsen sind. Meist sind diese Phasen gekennzeichnet von Schulproblemen, Ärger zu Hause, Gewalt gegen andere oder Drogen und Alkoholmissbrauch. Einige Jugendliche erkranken aufgrund ihrer Umgebung, also z.B. dem Elternhaus, das nicht ausreichend Halt gibt, weil etwa Mutter und Vater sich dauernd zanken oder auseinander gehen. Andere wiederum erkranken aufgrund ihrer Herkunft, ihres sozialen Status oder ihrer Sexualität (z.B. bei Homosexualität).

Die Ursachen/ Auslöser einer Depression?

Bis heute weiß man nicht genau, wie und warum eine Depression wirklich entsteht. Es wird angenommen, dass viele verschiedene Faktoren bei der Entstehung der Krankheit beteiligt sind.

Die Depression gehört zu den häufigsten Krankheiten. Man geht davon aus, dass ca. 15 % aller Männer und 24 % aller Frauen im Laufe ihres Lebens mindestens einmal an einer Depression erkranken. 10-15 % der Erkrankten versuchen Schätzungen zufolge eines Selbstmordversuches, wenn die Krankheit nicht behandelt wird. Die Weltgesundheits-organisation (WHO) schätzt die Depression sogar als schwerwiegendere Krankheit ein als zum Beispiel Diabetes oder eine leichte Herzerkrankung, woran man meiner Meinung nach erst recht erkennen kann, wie schwer eine Depression tatsächlich für den Betroffenen ist.

Vieles spricht dafür, dass die Depression eine Krankheit der Neuzeit ist und auch als Volkskrankheit bekannt ist. Die Belastung in unserer modernen Gesellschaft wird immer höher, hinzu kommt Stress im Beruf, eine immer mehr unausgewogene und ungesunde Ernährung oder sogar Stress in der Freizeit, wie Gruppenzwang oder ein falsches Umfeld sind sicher Faktoren, die eine Depression auslösen können. Hinzu kommt der immer weiter steigende Konsum von Rausch- und Suchtmitteln, die die Psyche verändern können und beispielsweise Schizophrenie auslösen können.

Ein weiterer Punkt, der den meisten nicht bekannt sein dürfte, ist die Missachtung des inneren Rhythmus, man nennt ihn auch biologischen Rhythmus, im Volksmund ist dieser als innere Uhr bekannt. Die moderne Technik, vor allem die Erfindung des elektrischen Lichtes, hat die Verschiebung des Lebensrhythmus möglich gemacht. Früher stand man mit den Hühnern auf und ging zu Bett, als die Sonne unterging. Heutzutage steht man auf, wann man will und geht erst zu Bett, wenn einem danach ist. Dies bewirkt eine Verstellung der inneren Uhr, was ebenfalls als ein Faktor zur Entstehung einer Depression angesehen wird. Allerdings muss man noch anmerken, dass es durchaus schon aus der Antike Berichte über Depressionen gibt. Es gab also schon zu allen Zeiten depressive Menschen, nicht nur in unserer Zeit. Heutzutage schenkt man solchen Krankheiten auch viel mehr Beachtung, da man mehr Zeit und Geld zur Behandlung hat (zumindest in der westlichen Welt). Früher schenkte man solchen Dingen keine Beachtung und so blieben viele unbehandelt.

Hier die möglichen Ursachen von Depressionen:
Verlust und Verlustängste

Fast jeder Mensch hat an sich und seine Umwelt bestimmte Erwartungen und Wünsche. Wenn diese Erwartungen nicht erfüllt werden, entsteht Wut und man kämpft dagegen an, oder man ist enttäuscht und fällt in ein Loch. Wie der einzelne reagiert, hängt von seiner Lebenseinstellung und seiner Lebenserfahrung ab. Depressionen werden von negativen Lebenseinstellungen zu sich selbst, der Situation und der Zukunft gefördert. Man bewertet die eigene Situation als ausweglos, man fühlt sich als Versager. Wenn man zum Beispiel seine Arbeit verliert, glaubt man, nie mehr eine Arbeit zu finden. Wenn man seinen Partner verliert, glaubt man nicht liebenswert zu sein und nie mehr einen Partner zu finden geschweige denn jemals wieder jemanden lieben zu können. Man zieht sich so immer weiter von der Aussenwelt zurück, weil man glaubt wertlos und unfähig zu sein.

Störungen in der Kindheit

- Gewalt in der Familie, zum Beispiel schlagende Eltern, können dazu führen, dass Kinder depressiv werden.
- gestörtes Selbstwertgefühl durch Mobbing
- Isolation von der Außenwelt, kaum soziale Kontakte
- Ablehnung durch die Eltern wegen vermeintlich zu geringer Leistung
- zwanghafte Sauberkeit
- Liebesentzug

Eine schlechte Kindheit kann also auf jeden Fall als Grundstein einer depressiven Erkrankung angesehen werden. Diese Störungen können sich bis ins Erwachsenenalter durchschleppen, wenn sie nicht verarbeitet werden.

Wie wird eine Depression behandelt?

Bei einer leichten Depression reicht meistens eine psychotherapeutische Begleitung. Bei mittelschweren bis schweren Depressionen kommen Medikamente (Antidepressiva) zur Psychotherapie hinzu. Eine stationäre Behandlung ist bei ausgeprägten Suizidgedanken oder bei erheblichen Problemen in der Alltagsbewältigung notwendig.

Wie wirken Antidepressiva?

Wie schon erwähnt besteht das Gehirn aus Milliarden von Nervenzellen, die miteinander über Schaltstellen (Synapsen) kommunizieren. Damit diese Kommunikation funktioniert, braucht es Botenstoffe als bindendes Glied. Im Gehirn sind das vor allem Serotonin und Noradrenalin. Antidepressiva beeinflussen den Stoffwechsel dieser Botenstoffe. Zudem regulieren Antidepressiva die Ausschüttung und die Menge von Stresshormonen, etwa von Cortisol. Ein Zuviel dieser Hormone kann dazu führen, dass sich jemand nicht mehr an Stresssituationen anpassen kann – und beispielsweise unter chronischem Stress nicht mehr schläft.

Was kennzeichnet eine klinische Depression?

Die klinische Depression wird durch die häufigsten Anzeichen einer Depression gekennzeichnet, wie zum Beispiel andauernde depressive Verstimmung, einschliesslich Traurigkeit und Leeregefühl, Verlust von Interesse und Freude bei Aktivitäten, die bis dahin Spass machten, Gefühle der Hoffnungslosigkeit und Pessimismus. Das Essverhalten verändert sich auch. Man bekommt zum Teil einen gesteigerten Appetit oder hat gar keine Lust mehr zu essen. Andere wiederum haben Probleme beim Schlafen. Sie wachen zu früh auf, können nicht einschlafen, können nicht durchschlafen oder schlafen viel zu viel. Man hat einen Energieverlust und ist zu träge, um sich gross zu bewegen. Paradoxerweise ist man aber zu Ruhelos, um richtig entspannen zu können. Konzentrationsschwierigkeiten, Gedächtnisprobleme und Mühe, Entscheidungen zu treffen werden Alltag. Anhaltende körperliche Symptome wie Kopfschmerzen, Herzrasen, Verdauungsprobleme oder chronische Schmerzen, die nicht auf Medikamente reagieren und keine physischen Ursachen haben sind nicht selten. Viele haben sicherlich einmal während einer Depression den Gedanken, dass der eigene Tod in diesem Fall Selbstmord eine oder sogar die einzige Lösung sei, um diese Torturen los zu werden.

Wer ist suizidgefährdet?

Wer depressiv ist, hat im Vergleich zur Allgemeinbevölkerung ein 30fach höheres Risiko, einen Suizidversuch zu unternehmen; sogar milde Depressionen können zum Suizid führen.
Etwa 25 Prozent der Menschen, die an Depressionen leiden aber nicht oder falsch behandelt werden, nehmen sich das Leben. Wenn durch Medikamente der Antrieb des Patienten gesteigert ist, sich die Stimmung aber noch nicht gebessert hat, dann ist er besonders suizidgefährdet, da er nun die nötige Kraft hat zu so einer Aktion.

Wie fühlt sich die Wirkung von Antidepressiva an?

Es gibt viele Menschen, welche kritisch sind bezüglich des Themas «Antidepressiva». Viele haben wahrscheinlich Angst vor einem Medikament, das sich auf die Psyche, den Gemütszustand und die Persönlichkeit auswirken kann. Am Anfang war auch ich nicht sehr erfreut, als es hiess man könnte die Therapie mit einem SSRI unterstützen. Ich selber hatte viele Vorurteile dem Medikament gegenüber. Es macht abhängig, beeinflusst meine Persönlichkeit, ist ungesund, zu viel Chemie, alles solche Gedanken machte ich mir. Ich entschloss mich aber trotzdem dafür eine medikamentöse Behandlung zu beginnen. Ich war im Endeffekt überrascht. Die meisten meiner Bedenken trafen nicht ein. Es tat seinen Zweck. Ich fühlte mich im Endeffekt besser, da es mich antrieb. Das SSRI gab mir Energie. Man muss zwar beachten, dass dieser Schuss auch nach hinten los gehen kann, da wenn man ohnehin schon suizidal ist, nicht plötzlich die fehlende Kraft bekommt und sich was antut. Aber bei mir gab das Medikament ein Positives Gefühl. Was mich zwar störte waren die Nebenwirkungen. Ich bekam zum Beispiel grauenvoll Durst davon. Zum Glück legten sich mit der Zeit die meisten Nebenwirkungen aber wieder. Ich dachte es würde mein Denken so beeinflussen, dass ich mich fremdgesteuert fühlen würde. Dem war nicht so, bei mir war es so, dass mir das Medikament zwar Energie gab, es sich jedoch so anfühlte, als käme die Energie von mir und nicht von einem Medikament.

Sind Antidepressiva nur Glückspillen, die abhängig machen?

Im Gegensatz zur weitverbreiteten Vorstellung, dass Antidepressiva "Glückspillen" seien, die einem nur alles in " Watte gepackt" sehen lassen, stimmt diese Vorstellung der Wirkung nicht mit meiner Erfahrung überein. Vielmehr treten die positiven Wirkungen der Medikation häufig eher innerhalb mehrerer Tage ein. Ich fühlte mich wieder vitaler. Man könnte sagen es fühlte sich an, wie ein Nebel oder eine Mauer, die sich anfing zu lösen und nicht, wie unbegründet Glücklich sein. Dies muss aber nicht immer der Fall sein. Es gibt auch Patienten, die berichten, dass sie zuerst eine Verschlimmerung verspürten. Dies gilt gerade für depressive Menschen, die eher ein "Gefühl der Gefühllosigkeit" und eine sehr starke Hemmung in Folge einer Depression verspüren. Mit der Rückbildung der Depression kann die Wahrnehmung von Gefühlen oder auch körperlichen Begleitsymptomen (z.B. Schlafprobleme, Magen-Darmbeschwerden, Schwindel) kurzzeitig verstärkt werden. Dies wird nicht selten allein als Nebenwirkung der Medikation angesehen. Letztlich findet man aber solche Phänomene auch bei Patientinnen, die allein psychotherapeutisch behandelt werden.
Noch wichtiger zu wissen: Gerade die Verwendung von eher antriebssteigernden Antidepressiva kann dazu führen, dass zwar die Aktivität und auch körperliche Leistungsfähigkeit bereits verbessert, Stimmung bzw. Denkmuster aber noch nicht ausreichend ausgeglichen sind. Dies birgt die Gefahr, dass Patienten aufkommende Selbstmordgedanken in die Tat umsetzen können.
Eine dritte Sorge, die man häufiger in Mitteilungen lesen kann, ist ebenfalls nicht grundsätzlich von der Hand zu weisen - wird aber häufig zu pauschal verwendet. Immer wieder liest man, dass Antidepressiva eine manische Phase (massive Antriebssteigerung, Grössenideen und Verschwendungsneigung, etc.) auslösen können. Dies muss

man trotzdem bei Patienten mit einer bipolaren Störung (manisch- depressiven Störung) beachten. Für Patienten mit einer sog. unipolaren Depression (also alleinigen depressiven Phasen) gilt dies aber so nicht. Zwar kann durchaus nach einer depressiven Phase eine sog. "hypomane Nachschwankung" auftreten. Damit ist gemeint, dass eher eine Phase von besonders guter Stimmung und leicht gesteigertem Antrieb zu verzeichnen ist. Dies ist aber keinesfalls als Anzeichen einer Manie zu werten.

Tipps um eine Depressive Phase zu überwinden

Aus meiner eigenen Erfahrung mit vielen Hochs und Tiefs habe ich viele «Coping Strategien» entwickelt, um der Depression entgegen zu wirken, um auch langfristige Erfolge zu erzielen und nicht abzuwarten bis so eine Phase kommt, sondern auch Strategien, die man einhalten sollte, wenn es einem gut geht, damit es gar nie soweit kommt. Hier unten habe ich 10 davon aufgelistet:

1. Ernähren Sie sich bewusst
Es ist vollkommen egal, ob man sich vegetarisch, vegan oder sonst wie ernährt. Der entscheidende Punkt ist das Verhältnis. Man sollte jeden Bereich der Ernährungspyramide abdecken, damit der Körper auch genug lebensnotwendige Vitamine und Mineralstoffe hat. Wenn Sie sich nun beispielsweise für eine vegane Ernährung entschieden haben ist dies noch lange keine Ausrede den Körper nicht an Mineralstoffe, wie Kalzium kommen zu lassen. In diesem Fall sollten Sie sich von ihrem Hausarzt oder Apotheker über Nahrungsergänzungsmittel informieren lassen.

Man sollte jeden Tag Obst und Gemüse zu sich nehmen. ZBsp. kann man zum Frühstück sich einen Smoothie machen mit einer Fertigmischung von Früchten und- oder Gemüse, welche man in jedem Supermarkt kaufen kann. Des Weiteren sollte man ein Minimum von 1,5 L Wasser und-/oder Tee trinken, damit der Körper an genug Flüssigkeit kommt. Für das Abendbrot mag zwar ein Schnitzel gut schmecken, tut aber dem Körper nicht sonderlich gut. Probieren Sie es doch lieber mit einem nicht vorpräparierten Filet. Alle Lebensmittel sind in Masse gesund, man sollte sie trotzdem mit Verstand geniessen. Es geht hierbei nicht um die Menge, sondern um die Nährstoffe, die Sie zu sich nehmen. Vermeiden Sie zum Beispiel zu viel Scharfes und Weizenprodukte, wenn Sie sich besser fühlen möchten. Wählen Sie Essen aus, das Ihnen auch schmeckt. Überraschen Sie sich ab und zu auch mal mit einer kleinen kulinarischen Belohnung. Nehmen Sie sich Zeit zum Kochen. Ständiges Mikrowellenessen führt zwangsläufig zu Nährstoffmangel, da die Strahlung (die sogenannten „Mikrowellen") viele wichtige Mikronährstoffe im Essen zerstört.

2. Beobachten Sie Ihre Körpersprache
Ein schleichender Gang, hängende Schultern, ein runder Rücken und ein nach unten schauender Kopf sind nicht nur ein Zeichen, dass es Ihnen nicht gut geht, sondern sie verstärken das negative Gefühl sogar noch, da zwischen Körper und Gehirn eine Wechselwirkung besteht. Gewöhnen Sie sich einen aufrechten und entspannten Gang an. Ausserdem lässt ein aufrechter Gang mit einem gehobenen Kopf Sie automatisch selbstbewusster wirken, was Ihnen zu einem neuen Selbstvertrauen verhilft.

3. Treiben Sie regelmäßig Sport
Die Betonung liegt auf **regelmäßig**, denn nur regelmäßiger Sport wirkt sich langfristig positiv auf Ihr Wohlbefinden und Ihre Gesundheit aus. Wenn Sie wissen, dass Sie manchmal etwas Druck brauchen, um sich zu motivieren, dann melden Sie sich am besten in einem Fitnessstudio an, oder besorgen Sie sich einen Personaltrainer, der Sie ein wenig unterstützt. Entscheiden Sie sich zu einer regelmäßigen Verpflichtung, die Ihnen Spaß macht. Gibt es einen Sport, den Sie immer schon machen wollten? Planen Sie sich feste Sportzeiten in Ihrer Woche ein. Wenn Sie viel unterwegs sind oder viel arbeiten und keine Zeit haben, um ins Fitnessstudio zu gehen, dann erstellen Sie sich ein persönliches Work-out für zuhause. Im Internet gibt es Tonnen von Videos und Übungen zum selber Nachmachen.

4. Erkennen Sie, dass nur SIE selbst für IHR Wohlbefinden und IHRE Gesundheit verantwortlich sind

Ärzte und Psychologen können Ihnen nur die Türen öffnen, hindurchgehen müssen Sie aber selbst. Genauso wenig ist der Partner oder das Umfeld dazu da, Sie glücklich zu machen. Auch sie können Ihnen nur das Werkzeug in die Hände geben, nutzen müssen Sie es immer noch selbst. Andere Menschen müssen auch ihre eigenen Kämpfe kämpfen. Machen Sie also nicht den Staat, Ihre Eltern, den Chef oder das andere Geschlecht für Ihre Gefühle verantwortlich. Verantwortung für sich und sein Leben zu übernehmen heißt: Die Situation akzeptieren oder ändern, wenn einem die Situation nicht passt.

5. Treffen Sie sich mit Freunden

Man neigt dazu sich während einer depressiven Phase zu verkriechen und den Kontakt zur Aussenwelt zu vermeiden, weil man Angst hat sich Anderen so schwach zu offenbaren oder sie mit der eigenen negativen Laune zu „belasten". Es ist okay diese Angst zu haben. Aber lassen Sie sie nicht Ihr Leben bestimmen, denn meistens ist der Kontakt zu Freunden gar nicht so schlimm, wie Anfangs gedacht. Ich weiss selber, dass dies einfacher gesagt, als getan ist und einem nur noch mehr das Gefühl gibt, dass niemand einem versteht aber glauben Sie mir es tut Ihnen gut, denn es lenkt Sie ab. Treffen Sie sich einfach mal spontan mit einer guten Freundin oder mit einem guten Freund und reden Sie einfach mal über belanglose Sachen. Es wird Ihnen wieder mal einen Tapetenwechsel geben und Sie auf neue Gedanken bringen.

6. Scheue Sie sich nicht Medikamente zu nehmen

Scheuen Sie sich nicht, Johanniskraut, Antidepressiva, Bachblüten oder Schüsslersalze zu probieren. Aber erkennen Sie an, dass kein Medikament Sie langfristig von Depressionen heilen kann. Finden Sie sich nicht mit der Tatsache ab, dass Sie sich nun dank des Medikamentes wieder gut fühlen, sondern nutzen Sie die neu gewonnene Lebenskraft, um sich ernsthafte Gedanken zu machen, was im Leben wohl nicht so rund läuft und, was allenfalls geändert werden muss. Von irgendwo kommt schliesslich eine

Depression. Sie wird Ihnen nämlich nicht einfach als Virus auf den Mailaccount geschickt.

7. Nehmen Sie sich täglich Zeit, um zu Entspannen

„Entspannen" muss dabei nicht unbedingt eine reine Entspannungstechnik sein, auch wenn das natürlich die beste Variante wäre. „Entspannen" bedeutet einfach mal Abstand zu nehmen, von all dem, was Ihnen ihre kostbare Energie raubt. Also kein Fernseher, kein Computer, kein Handy, keine Musik, keine Aufgaben erfüllen. Einfach mal nur da sein und in der Stille in sich hineinhorchen. Das werden Sie bis jetzt wahrscheinlich oft vermieden haben, weil es sich nicht gut anfühlt, da man dort auf so viele Gefühle stösst. Meist auch negative Gefühle. Diese Übung wird die ersten paar Mal weh tun, weil man sich mit seinen Gefühlen auseinandersetzen muss. Aber nach ein paar Mal werden Sie bemerken, dass Ihnen diese Übung guttut, weil Sie endlich Ihren Körper zuhören. Erlauben Sie jeden Gedanken, der Ihnen in den Sinn kommt. Nehmen Sie sich einen kurzen Moment Zeit für diesen Gedanken und lassen Sie ihn friedlich wieder davonziehen. Mir persönlich gelingt diese Übung am besten, wenn ich mir vorstelle, dass meine Gedanken aussehen, wie Wolken, welche dann friedlich davon schweben. So sind die aufkommenden Gefühle und Gedanken für Sie mehr fassbar und so besser verarbeitbar. Verdrängen Sie keine unangenehmen Gefühle, denn umso weniger Beachtung man ihnen schenkt, desto stärker werden sie und umso mühseliger werden sie um sie zu verarbeiten.

8. Seien Sie ehrlich zu sich und zu anderen

Haben Sie manchmal das Gefühl, Sie müssten sich dafür rechtfertigen, wenn Sie einen Fehler machen, Schwäche zeigen, unproduktiv sind oder sensibel reagieren? Aufrichtig zu Ihren Gedanken und Gefühlen zu stehen rechnen Ihnen die meisten Menschen hoch an. Und das ist noch nicht alles. Sie fühlen sich damit auch wesentlich besser in Ihrer Haut. Wenn Sie offen und ehrlich mit sich und anderen sind und offen anderen sagen, wie Sie sich fühlen, werden Sie merken, wie eine Last von Ihnen fehlt, denn Sie müssen sich dann nicht immer vor andern verstellen. Ihr Umfeld kann so auch verständnisvoller reagieren, wenn es Ihnen mal nicht so gut geht.

9. Bekämpfe Sie alte Verhaltensmuster
Alkohol ist ab und zu in Ordnung. Aber nicht regelmäßig. Dasselbe gilt für alle Drogen, dazu gehören neben dem Rauchen und härteren Dingen auch: Ständiges Laufenlassen des Fernsehers, ständiges Nachrichten schreiben auf dem Handy, Computerspiele, etc. All das sind Dinge, die Ihr Leben zu versüssen scheinen. Eigentlich sind es aber alles extreme Zeit und Energie Räuber. Gerade in einer Phase, in der es Ihnen nicht gut geht, sollten Sie sich die Zeit nehmen in sich hinein zu horchen und sich nicht berauschen zu lassen. Ich verspreche Ihnen, wenn Sie ihren Konsum von solchen Dingen minimieren werden Sie mind. 1 Stunde am Tag mehr zur freien Verfügung haben. Aber was mach ich nun in dieser Zeit? Versuchen Sie es doch mal mit meditieren, um richtig in sich hinein zu horchen. Oder Kochen Sie was Gesundes alleine oder zu zweit. Nehmen Sie ein wohltuendes Bad oder lesen Sie wieder mal ein gutes Buch. Ganz egal, was Sie schlussendlich mit Ihrer gewonnenen Zeit anstellen, nehmen Sie sich dort Zeit für sich und lassen Sie es sich gut gehen.

10. Richten Sie Ihren Blickwinkel auf das Positive
Richten Sie Ihren Fokus auf das positive in Ihrem Leben. Dies bedeutet nicht, dass Sie alles übertrieben optimistisch sehen müssen, sondern, dass Sie sich im Klaren sind über Ihr Glück. Sie haben zuhause fliessendes Wasser, ein Dach über dem Kopf, genug zu essen, eine Familie etc. Es gibt genügen Dinge, für die Sie dankbar sein können. Überlegen Sie sich immer am Ende eines Tagen 3 Dinge, die Ihnen heute gut geglückt sind oder für, die Sie heute dankbar sind. Ihr Fokus wird automatisch auf das Positive gerichtet und gibt Ihnen eine positivere Einstellung.

Welche Gefühle gibt's denn überhaupt?

Um überhaupt sagen zu können, wie man sich fühlt, sollte man die Gefühle weiter unterteilen als nur Glücklich und traurig, um auch besser zu differenzieren, was nun wirklich Depression ist und was nur eine vorübergehende schlechte Miene ist. Ich werde im nachfolgenden Text auf die wichtigsten Gefühle eingehen, natürlich gibt es noch viele mehr aber dies sind die Basisemotionen. Nach Plutchik gibt es 8 Basisemotionen, welche da wären: Freude, Akzeptanz, Angst, Überraschung, Traurigkeit, Ekel, Ärger, Erwartung. Jedes dieser Basisemotionen sind spezifische motivationale Reaktionen, Verhaltenssysteme (Annäherung, flucht, kämpfen…) und kognitive Einschätzungen zugeordnet. Alle anderen Emotionen sind «Mischungen» der primären Emotionen.

Freude:
Freude gehört zu unseren Grundemotionen, die genetisch schon festgelegt sind. Sie gehört zu den positiven Gefühlen. Wenn wir Freude empfinden, dann geht es uns gut, denn unsere Bedürfnisse in dem Moment sind alle abgedeckt. Es geht uns gut, wenn wir Freude empfinden und wir müssen vielleicht sogar lächeln oder lachen.

Akzeptanz:
Akzeptanz bedeutet, dass wir eine Situation, die uns nicht passt, so annehmen müssen, wie sie ist. Viele verknüpfen sie mit einer Niederlage oder Kapitulation. Ich glaube deshalb tun sich auch so viele schwer mit der Akzeptanz, weil sie glauben verloren zu haben. Akzeptanz ist eigentlich ganz gesund, da man sich nicht mehr unnötig quälen muss, deshalb gehört sie auch zu den neutralen Gefühlen.

Angst:
Angst ist ein meist unangenehmes Gefühl, dass durch eine bedrohliche Situation oder eine neue Situation ausgelöst wird. Wir alle kennen das Gefühl, wenn wir Angst verspüren, wie unser Puls schneller wird. Dies ist eine ganz normale Reaktion, denn der Körper muss sich auf einen möglichen

Kampf vorbereiten. Angst ist für die meisten von uns negativ geprägt, jedoch hat Angst auch viele Nutzen, denn sie kann uns vor vielen Gefahren retten.

Überraschung:
Mit Überraschung bezeichnen wir Situationen, Gefühle, Begegnungen, Worte oder Geschenke, die wir nicht hervorgesehen haben. Meistens löst Überraschung in uns Verwirrung oder Emotionen aus. Deshalb erröten wir oder beginnen zu lachen oder zucken mit dem Körper zusammen. Die ausgelösten Gefühle können sowohl positiv als auch negativ sein.

Traurigkeit:
Traurigkeit ist meist ein unangenehmes Gefühl. Sie ist das Gegenteil von Freude. Wenn wir traurig sind, müssen wir manchmal auch weinen. Sie wird meistens durch ein nicht erfülltes Bedürfnis ausgelöst oder durch Schmerz und Verlust.

Ekel:
Wenn wir Ekel verspüren, dann empfinden wir für etwas eine starke Abneigung. Ekel äussert sich nicht nur als Emotion, sondern auch als Empfindung, wie Übelkeit oder Brechreiz. Ekel definiert man nicht nur als Affekt, sondern auch als Instinkt, jedoch wird das Ekelgefühl sehr stark von Sozialisationen gesteuert. Zb finden Ureinwohner es überhaupt nicht eklig Käfer zu essen und einigen von uns wird es beinahe übel.

Ärger:
Ärger ist eine spontane, innere, negative Emotion, die ausgelöst wird durch äussere Einflüsse, wie Zb. Situationen, Personen oder Erinnerungen. In verschiedenen Gesellschaften gilt das Zeigen von Ärger als taktlos. In China beispielsweise verstösst das Zeigen von Ärger gegen das Harmoniegebot.

Erwartung:
Der Begriff Erwartung spielt eine zentrale Rolle in der Soziologie. Die Erwartung beschreibt die Annahme eines bestimmten Handelns von meist anderen Personen. Wird eine Erwartung enttäuscht, dann muss sie geändert werden auch, wenn man dies nicht will.

Gefühle dienen primär dem Überleben

Was früher hauptsächlich zum Überleben diente, ist heute etwas komplexer. Die Höhlenbewohner, die vor vielen Jahrtausenden vor uns schon Sachen gefühlt haben, nutzten diesen Mechanismus um zu überleben. Sie hatten natürlich nicht eine so komplexe und vielfältige Gefühlswelt, wie wir heute, denn diese musste sich auch über die Jahrtausende entwickeln. Sie nutzen vor allem die Gefühle, wie Angst, um zu erkennen, wann Gefahr droht und sich in solchen Situationen auch richtig verhalten zu können. Parallel zur Weiterleitung an die sensorische Hirnrinde, die alle Meldungen der äußeren Sinne erhält, werden wichtige Informationen aus den Sinnesorganen auch direkt an die Gefühlszentren geschickt. Sie sorgen zunächst in Form einer Sofortreaktion für die Mobilisierung derjenigen Funktionen und Organe des Körpers, die voraussichtlich (zusätzlich zur Muskulatur) für eine wirksame Reaktion des Körpers gebraucht werden, Kreislauforgane, wie das Herz zum Beispiel und Organe des Stoffwechsels. Das «Gefühls-Zentrum» bereitet den Körper schnellstmöglich, nämlich innerhalb von 200 Millisekunden auf eine notwendig werdende Belastung (= Stress) vor. Wenn eine neue Information zum Beispiel durch das Auge erfasst wird, wird sie bereits im Thalamus, der ersten Schaltstation im Gehirn, weitergeleitet.

Unterschied zwischen Emotionen und Gefühle

Der Unterschied zwischen Emotion und Gefühl hängt natürlich auch von der Fähigkeit ab, Gefühle zu empfinden, denn eine Empfindung ist eigentlich einfach ausgedrückt eine Wahrnehmung der Körperreaktion, wobei der Körper das Bezugssystem neuronaler Abläufe bildet. Dabei sind es Körpersignale aus dem emotionalen Erfahrungsgedächtnis, die Situationen als positiv oder negativ bewerten und so das Verhalten des Menschen steuern. Menschliche Entscheidungen sind demnach immer mehr oder weniger von ihrem emotionalen Apparat und ihren Erfahrungen beeinflusst.

Emotionen wie Freude, Angst, Mitgefühl, Eifersucht, Bewunderung, Wut oder auch Neid sind dabei ganz allgemein Irritationen des neuronalen Systems, die dazu dienen, dessen Unversehrtheit zu schützen und den Menschen zu einem Verhalten zu bewegen, das seinem Überleben dient. Dabei kommt zuerst die physische Sensation, also ein Set von Bildern im Gehirn, das dann dort die Reaktion in Form einer Emotion auslöst. Diese Bilder, die das kognitive System durchlaufen, haben dabei die Chance, Schlüsselregionen des Gehirns zu aktivieren, von denen aus die Emotionen organisiert werden, also einige Areale im Gehirnstamm, in den Basalganglien und im cerebralen Cortex. Man sollte zwischen Gefühlen und Emotionen unterscheiden, denn Emotionen sind Sammelaktionen und Veränderungen, die im Körper auftreten, wenn man emotional ist.

Gefühle hingegen sind die kognitiven Erfahrungen, die durch diese Körperaktionen ausgelöst werden, sie sind also im Verstand angesiedelt, und werden von jenen Teilen des Gehirns produziert, die den Geist ausmachen. Emotionen zielen dabei darauf ab, uns Menschen zu helfen, rasch auf die unterschiedlichsten Situationen zu reagieren, etwa positiv im Fall von Freude oder negativ im Fall von Angst.
 Emotionen helfen dabei, sein Leben effizient zu führen, obwohl sie das Denken und die Leistung auch stören können, wenn sie etwa überschießend daherkommen. Auch Tiere haben in diesem Sinn ebenfalls Emotionen, wobei das bei

Säugetieren, Vögeln und auch anderen Arten ganz sicher so ist, denn Emotionen und Gefühle sind evolutionär bedingte Hilfsmittel. Beim Menschen haben kultureller Hintergrund und Bildung einen großen Einfluss auf seine emotionalen Reaktionen und modulieren der Gefühle, wobei auch das Alter eine gewisse Rolle spielt. Menschen können auch in gewisser Weise ihre Emotionen bewusst beeinflussen, indem sie versuchen, diese zu reduzieren und deren Auswirkungen willentlich entgegenzusetzen. Außerdem können Menschen ihre Aufmerksamkeit auf die Bedingungen lenken, die für gewöhnlich Emotionen in ihnen auslösen, und diese Umstände vermeiden oder verringern.

Der 3:1 Quotient

Diese «Formel» ist meiner Meinung nach die Geheimformel zum Glück. Die 3 soll für positive Erlebnisse/ Gefühle stehen und die 1 für Negative. Wenn unser Verhältnis von Glück um 3 grösser ist als zu unserer Trauer, so sollte man (rein mathematisch) ein glückliches Leben führen. Jemand, der an einer Depression leidet, lebt im Verhältnis 1:1. Dies kann man auch mit dem Schwarz- weiss denken vergleichen, denn für ihn gewichtet eine gute Erfahrung in dem Moment gleichviel, wie eine Schlechte und macht diese dann zu Nichte. Wer sich nun denkt man könnte ja auch mit 3:0 leben, wenn man sehr optimistisch ist, liegt falsch. Es ist unmöglich so zu leben, denn es braucht auch das dunkle im Leben. Ohne das dunkle würden wir den Unterschied zum hellen gar nicht sehen. Das dunkle ist auch gesund aber man muss es auch wieder loslassen und sich nicht allzu lange damit beschäftigen. Jemand, der im Gefühl lebt einen 3:0 Quotienten zu haben, würde sich selbst nur was vormachen.

Trauen Sie sich etwas Besonderes zu sein!

Wenn Sie auf der Suche nach sich selbst sind, dann werden Sie wohl nicht sehr weit kommen, indem Sie Dinge tun nur, weil es vielleicht Ihr Freundeskreis tut oder sich zu hässlich oder zu dick fühlen nur, weil Sie nicht so aussehen, wie die Vorbilder in den Modezeitschriften. Kennen Sie irgendjemanden berühmtes der genauso ist, wie der Norm? Nein. Ich auch nicht. Heben Sie sich von der Menge ab, indem Sie einfach nur sich selbst sind. Seien Sie stolz auf das, was Sie sind, denn Sie sind einzigartig! Merken Sie sich das! Trauen Sie sich auch auf Ihrem Selbstfindungstrip mal was aus zu probieren, dass Sie vielleicht etwas sonderbar finden, vielleicht ist es genau Ihr Ding. Und wenn ja, dann stehen Sie dazu. Man wird Sie auch anders mögen, ganz bestimmt sogar. Menschen, die etwas anders sind, sind gerade die interessantesten. Viele denken man muss unglaubliches leisten und erreichen, um etwas Besonderes zu sein, dabei reicht es schon, wenn man seine Stärken bündelt und diese auslebt. É voila, schon sind Sie was Besonderes und Einzigartiges!

Behandeln Sie sich so, wie Sie mit einem kleinen Kind umgehen

Ich weiss dieser Ansatz mag etwas komisch klingen, aber wenn Sie es sich mal genau überlegen ist dieser Ansatz gar nicht so falsch.

- Ernähren Sie sich gesund
- Gehen Sie früh ins Bett oder dann, wenn Sie müde sind.
- Halten Sie sich oft draussen auf
- Verbringen Sie nicht zu viel Zeit vor technischen Geräten
- Machen Sie sich selbst Komplimente, wenn Sie was geschafft haben
- Behandeln Sie sich gut
- Halten Sie sich so gut, wie möglich von Suchtmitteln fern (Alkohol, Zigaretten, Drogen etc.)

- Achten Sie sich auf ihren Wortschatz (brauchen Sie liebe Worte, wenn Sie mit sich sprechen), achten Sie darauf sich nicht sofort als dumm oder vergesslich oder unfähig zu bezeichnen, wenn Ihnen etwas nicht geglückt ist. Akzeptieren Sie die Situation und sagen Sie sich, dass es beim nächsten Mal ganz bestimmt klappen wird.

„Finden Sie heraus, was Sie wollen und lernen Sie es einzufordern."

Leider weiß ich nicht mehr bei welchem Film ich dieses Zitat aufgeschnappt habe, aber es ist schon lange her und ich habe es seitdem nie vergessen. Es war eine Antwort auf die Frage, wie man glücklich im Leben wird. Sie ist mir bis heute im Kopf geblieben, weil sie so simpel und einleuchtend klingt. Dennoch wollte ich am liebsten in den Fernseher brüllen: „Wie?? Wie verdammt nochmal finde ich heraus, was ich will? Und wie fordere ich meine Träume ein?"

Mit der ersten Frage beschäftige ich mich hier etwas ausführlicher.

Wie findet man heraus, was man eigentlich will?

Im Leben keine Orientierung zu haben, kann quälend sein. Sie fühlen sich, wie ein Fähnchen im Wind, Ihnen fehlt die Richtung, in die es gehen soll, Sie leben jeden Tag so vor sich hin und warten einfach ab, was sich ergibt.

Sie treffen keine Entscheidungen und verharren im Zustand des Abarbeitens Ihrer To-Do-Listen. Damit Sie sich besser fühlen, entwickeln Sie vielleicht entweder eine ungesunde Beziehung zum Essen und konsumieren zu viel oder zu wenig. Doch all die Pizzen, Burger, Klamotten oder schicken Möbel werden Sie nicht weiterbringen. Sie machen Sie nicht glücklich – im Gegenteil – Sie werden entweder zunehmen und sich nur noch unbeweglicher und passiver fühlen als zuvor oder der hohe Konsum bindet Sie immer mehr an Ihr jetziges Leben. Denn haben Sie erstmal beispielsweise ein paar Kredite abzubezahlen, schrumpft die Möglichkeit Ihrer Selbstverwirklichung, da Geld verdienen gezwungenermaßen zur obersten Priorität geworden ist in unserer Gesellschaft.

Vielleicht haben Sie aber auch schon viele Dinge ausprobiert und das Passende war einfach noch nicht dabei, sodass Sie immer mehr das Gefühl haben, es gibt nichts, was Ihnen lange genug Freude bereitet. Es tut weh, zu spüren, wie die Zeit an einem vorbeirast, während man sich selbst im Kreis dreht. Also versuchen Sie am besten so schnell wie möglich herauszufinden, was Sie wollen, treffen Sie Entscheidungen, testen Sie verschiedene Dinge aus und geben Sie Ihrem Leben eine Richtung.

1. Nehmen Sie sich eine Auszeit allein
Ziehen Sie sich zurück – nur für sich alleine. Zu sich selbst kann man nicht im Außen finden, sondern nur im Innen. Dazu braucht es Ruhe und einen Rückzugsort aus dem Alltag. Das kann auf einer Reise geschehen, die man vielleicht alleine antritt oder auch nur während einem Spaziergang, den man für sich unternimmt. Zeit in der Natur, eine Sportart, wie Laufen oder Meditation können dabei helfen. Denken Sie über Ihre Werte nach. Leben Sie diese? Welche Bedürfnisse müssen erfüllt sein, dass Sie sich wohl fühlen, welche Wünsche hegen Sie tief im Inneren?

2. Gehen Sie raus aus Ihrer Komfortzone
Ein wichtiger Aspekt im Finden Ihrer Lebensvision ist Selbstsicherheit. Selbstsicher wird man vor allem, indem man Neues ausprobiert und an seine Grenzen geht. Sich seinen Ängsten zu stellen, im Kleinen und im Großen, hilft dabei, sich etwas von dem Bedürfnis nach Sicherheit zu lösen, das einen oftmals im Alltagstrott gefangen hält. So beginnen Sie auch langsam Ihrer Intuition zu vertrauen und machen Dinge, die Sie eigentlich wollen, von denen Sie vorher aber vielleicht Angst hatten, sie zu tun. Durch das Verlassen der Komfortzone erweitert sich Schritt für Schritt Ihr Horizont, indem Sie beispielsweise Kurse und Seminare besuchen, oder in unterschiedliche Länder reisen.

3. Bleiben Sie bei sich selbst

Wie schon gesagt: Was Sie wirklich wollen, finden Sie nicht im Außen, sondern nur im Innen. Das Schlimmste, was man seinem eh schon verunsicherten Ich aufbürden kann, ist, sich ständig mit anderen zu vergleichen! «Always happy-life-Instagram» und Facebook-Bilder sind nichts, als inszenierte Scheinwelten. Die wenigsten Menschen leben wohl immer ihr absolutes Traumleben, also sollten wir uns davon nicht ablenken lassen. Sich mit solchen Werbeplakat-Lifestyles zu vergleichen, frustriert auf Dauer, niemand kann dem standhalten. Messen Sie Ihr Leben nicht an den Bühnen der anderen! Diese sollten aller höchstens zur Inspiration dienen.

Ebenso wichtig: Hören Sie auf, Ihnen die Meinungen und Weltbilder Ihrer Mitmenschen aufdrücken zu lassen. Phrasen wie „du musst doch endlich mal…" und „das macht doch jeder so…" könne Sie schlichtweg unkommentiert ignorieren. Denn Sie müssen erstmal gar nichts, was Sie nicht wollen. Unsere Generation und Gesellschaft hat das unglaubliche Privileg, völlig frei zu entscheiden, was sie tun will. Sei es durch die Welt trampen und dank Couchsurfing für eine Weltreise so viel auszugeben, wie manch einer in einer Woche, sei es vom Computer aus Geld zu verdienen ohne jede Ausbildung, sei es auszuwandern, sei es zu promovieren und in die Politik zu gehen. Oftmals ist aber gerade diese Entscheidungsfreiheit unser Dilemma, warum wir nicht wissen, wie wir unser Leben leben wollen. Selbst, wenn uns gar keiner reinredet, ist da immer noch diese Stimme in unserem Kopf: „Was denken die anderen über mich?" Lassen Sie diese los. Die andern denken viel weniger über Sie nach, als Sie denken, denn diese sind selber so mit der gleichen Frage beschäftigt, was andere über sie denken, dass sie gar keine Zeit haben, um Sie gross zu bewerten.

4. Stellen Sie sich Fragen

Ich bin kein Fan von Anweisungen à la „Nimm dir einen Block und einen Stift und schreib dir das auf", allerdings gibt es gewisse Fragen, an denen man einfach nicht vorbeikommt, wenn man sich damit beschäftigt, was man wirklich aus seinem Leben machen will. Also nehmen Sie sich einen Block und einen Stift und schreiben Sie die Antworten auf. Sie nur im Kopf zu manifestieren reicht nicht. Wenn sich etwas an Ihrer Liste ändert, dann machen Sie eine neue Liste und lassen Sie die alte, wie sie ist. So können Sie die Listen später mal vergleichen und sehen, wie sich Ihre Wünsche und Ansprüche ans Leben verändert haben.

Beispiele:

- Was gibt mir Kraft?
- Wie weicht das Leben, das ich führe von dem ab, was ich mir wünsche?
- Wovon habe ich schon als Kind geträumt?
- Welche Sachen haben mir schon immer Freude bereitet?
- Was sagen andere Menschen über mich, was ich gut kann und was mich charakterisiert?
- Der optimale Tag: Was würde ich tun, wenn ich einen ganzen Tag lang einfach nur das machen könnte, was ich will?
- Was brauche ich unbedingt, um wirklich glücklich und zufrieden zu sein? Sport, Meditation, Musik?
- Woran denke ich jeden Tag oder zumindest sehr häufig?
- Warum tue ich im Moment, was ich tue?
- Was würde ich tun, wenn ich wüsste, dass ich nicht scheitern könnte?
- Was sind meine Stärken?
- Für was brenne ich?

5. Herausfinden was man will? Sie wissen, was Sie nicht wollen!
Einfacher als herauszufinden, was man will, ist komischerweise immer, ganz genau zu wissen, was man eben nicht will. Malen Sie sich einmal das Leben aus, das am Wenigsten zu Ihnen passt. Öder Bürojob, enge Stadtwohnung, anstrengende Beziehungen? Wenn man zumindest weiß, was man nicht will, lässt sich daraus schon einiges auf die Dinge schließen, die man stattdessen will. Zum Beispiel in der Arbeit mit Menschen statt mit Computern zu tun zu haben oder aufs Land zu ziehen. Dadurch lässt sich im weiteren Schritt die

Sehnsucht erkennen, die dahintersteckt: Etwa Ruhe, Frieden und Gelassenheit. Wieder eine Stufe weiter kann man sich fragen: Was wäre der erste Schritt, um diese Sehnsucht zu stillen? Zum Beispiel Stellen- und Studienangebote durchschauen oder sich verschiedene Orte anzusehen oder wieder mal auf ein Date gehen.

6. Kommen Sie ins Handeln – probieren Sie Dinge aus!
Durch aktive Handlung lässt sich viel leichter feststellen, ob eine Sache wirklich etwas für einen ist, als wie, wenn man sie sich nur im Kopf ausmalt. Wenn Sie festgestellt haben, dass Sie gerne mit Menschen arbeiten, probieren Sie es einfach aus, engagieren Sie sich ehrenamtlich oder arbeiten Sie am Wochenende. Wenn Sie gerne auf dem Land wohnen wollen, machen Sie erstmal Urlaub dort und schauen Sie, wie es Ihnen gefällt. Wenn Sie beispielsweise an einem Triathlon teilnehmen wollen, dann fangen Sie an zu trainieren. Auch „schwierigere" Träume: Wenn Sie gerne Sänger werden möchten, nehmen Sie Songs auf und telefonieren Sie sämtliche Agenturen ab und nehmen Sie Gesangunterricht. Gleichzeitig muss man beim Ausprobieren nicht gleich den Job kündigen und «All-in» gehen. Man kann seine Träume als Hobby verfolgen. Ich zum Beispiel hätte mir nie träumen lassen in meinem Alter eine Autorin zu werden. Träume fangen klein an und müssen wie kleine Pflanzen zuerst keimen, dann wachsen und schlussendlich dank viel Hingabe und Aufmerksamkeit, blühen.

7. Fazit: Treffen Sie Entscheidungen
Herausfinden was man will, ist nicht gerade einfach! Aber egal an welchem Punkt Sie sind, setzen Sie sich Ziele, treffen Sie Entscheidungen und kommen Sie ins Handeln. Es ist besser sich die falschen Ziele zu setzen als gar keine, die Hauptsache ist – machen! Auf dem Weg hin zu selbstgesteckten Zielen kommen die meisten Menschen an den Punkt, an dem sie wissen, was sie wirklich erfüllt. Es kann sein, dass sich so auch ganz andere Wege auftun, als ursprünglich geplant und man sich dadurch neue Ziele setzt. Aber, wenn Sie erstmal eine Entscheidung getroffen haben, wie zum Beispiel diesen Traumjob zu bekommen, bekommt

Ihr Leben eine Richtung. Sie können nun alles dafür tun, Ihr Ziel zu erreichen. Ihr fester Entschluss wird es Ihnen ermöglichen, Ihre Wünsche einzufordern, denn nun handeln Sie klar, selbstsicher und selbstbestimmt.

7 Tipps, um auch in schweren Situationen optimistisch zu bleiben.

Das Leben ist manchmal ein mieser Verräter und man würde gern das Handtuch einfach hinwerfen. Nur leider liegt aufgeben nicht drin, denn Sie dürfen meinetwegen schreien, weinen und fluchen aber nie aufgeben. Deshalb habe ich Ihnen hier 7 Tipps mit denen Sie immer optimistisch bleiben können.

1. Die Situation ist vorübergehend und Sie können sie ändern
Alles in Ihrem Leben ist temporär, alles geht vorbei. So schnell es gekommen ist, so schnell wird es auch wieder verschwinden. Auch eine Phase der Negativität und des Selbstmitleids. Das ist nicht lebenslänglich, sondern nur eine Lektion, die es zu lernen gilt. Vergessen Sie das nie! Gleichzeitig haben Sie auch in der Hand Ihr Inneres wieder auf halbvoll und nicht halbleer zu stellen.

2. Inneren Monolog verändern
Ein genialer Helfer für mehr Zuversicht ist Ihr innerer Monolog!

Fangen Sie damit an, Ihr Vokabular zu beeinflussen:
- Ich lade meine Batterien wieder auf, statt ich bin erschöpft
- Ich habe was gelernt, statt ich hab' einen Fehler gemacht
- Ich bevorzuge statt ich hasse
- Ich bin neugierig statt ich habe Angst
- Herausforderung statt Problem
- offen für neues, statt gelangweilt
- Rat oder Anleitung statt Kritik
- Besonders statt seltsam

3. Selbstfürsorge

Häufig schlägt die volle Breitseite des Pessimismus auch dann zu, wenn Sie sich selbst zu lange vernachlässigt haben. Sie und Ihre Bedürfnisse sind wichtig! Nehmen Sie sie an. Sie existieren aus gutem Grund. Hören Sie in sich hinein und erspüren Sie, was Sie jetzt brauchen. Gönnen Sie sich dies! Man kümmert sich sehr oft viel zu viel um andere Dinge, wobei man sich selbst schnell vergisst. Dabei ist man selbst gerade das Wichtigste. Die eigene Gesundheit kommt immer an erster Stelle!

4. Finden Sie das Schöne im Alltäglichen

Ein weiterer Punkt, an dem es die Negativität richtig einfach hat, ist der, an dem Ihnen nichts genügt. Der, an dem Sie Neid empfinden auf jemanden aus Ihrem Umfeld (das kann auch jemand aus sozialen Netzwerken sein...). Machen Sie sich aktiv auf die Suche nach der Schönheit, die Sie umgibt. Nehmen Sie den Sonnenstrahl wahr der durch das Dach der Bäume fällt, üben Sie sich in Dankbarkeit und Zufriedenheit. Perfektionismus ist auch so eine Sache, die Sie besser ablegen, denn es bringt nichts. Sie lassen sich selbst nur unfähig dastehen.

5. Versuchen Sie herauszufinden, was Ihr Bauchgefühl Ihnen sagen will

Es schadet nicht, auch Ihrem Bauchgefühl nachzuspüren. (Ganz im Gegenteil!) Im Normalfall hat es Ihnen etwas zu sagen, wenn Ihre Grundstimmung in Richtung Pessimismus abdriftet. Wovor warnt es Sie? Was haben Sie ignoriert (vielleicht zum wiederholten Mal?) Was fehlt Ihnen, was brauchen Sie? Wenn sich Ihr Bauchgefühl meldet ist dies nicht der erste Versuch Ihres Körpers Sie auf etwas aufmerksam zu machen. Setzen Sie sich hin und hören Sie zu, was er zu sagen hat.

6. Kehren Sie immer zuerst vor Ihrer eigenen Haustür!

Dazu gehört auch, dass Sie bei Ihrem eigenen Gras bleiben, vor Ihrer eigenen Türe kehren und weniger Zeit damit verbringen, über dem Gartenzaun Ihres Nachbarn zu hängen. Hören Sie auf damit, sich mit anderen zu vergleichen und konzentrieren Sie sich darauf, was Sie können, was an Ihnen toll ist und, wo Ihre Stärken liegen. Niemand ist wie Sie und Sie können auch niemand anders sein, als Sie selbst. Das ist Ihre Superkraft!

7. Lassen Sie los!
Lassen Sie die Dinge los, die Sie nicht kontrollieren können. Sehr moderat geschätzt liegt der Ursprung von 99% aller Herausforderungen, die Sie tagein, tagaus beschäftigen, im Kontrollverlust vergraben. Das Gefühl, etwas nicht kontrollieren zu können, macht uns Angst, macht uns unruhig, beschleunigt unseren Atem. Dabei vergessen wir häufig, dass das nun mal das Leben ist. Wir können weder beeinflussen, wann wir kommen, noch im Normalfall wann wir gehen, wir können nur das Beste aus der Zeit machen und dieses Wunderwerk des Lebens in vollen Zügen genießen. Wir sollten das Leben nicht so ernst nehmen, denn man kommt eh nicht lebendig wieder raus. Darauf doch mal ein halbvolles Glas!

6 Schritte, um die Kontrolle über Ihre Gefühle zu behalten

Emotionen sind nichts Schlechtes. Jedoch können sie unseren Alltag massgebend beeinflussen, wenn wir zulassen, dass sie die volle Macht über uns haben. Daher habe ich Ihnen im folgenden Text 6 Schritte, um den richtigen Umgang mit Ihren Gefühlen zu haben.

1. Akzeptieren Sie Ihre Emotionen
Wenn Sie feststellen, dass Sie eine unerwünschte Emotion überfällt, beachten Sie sie, nehmen Sie sie wahr, stellen Sie sich ihr. Wenn wir unseren Emotionen Beachtung schenken, akzeptieren wir zunächst nur, dass sie da sind. Es gehört zu unserem Leben, dass wir Gefühle empfinden. Die Art und Weise, wie wir mit ihnen umgehen, kann manchmal Probleme verursachen. Wenn wir uns beispielsweise gelangweilt, traurig oder alleine fühlen, tendieren wir oft dazu, übermäßig viel zu essen, um dieses Gefühl in uns nicht beachten zu müssen. Wenn wir ihm aber unsere Aufmerksamkeit schenken, es

zunächst nur einmal annehmen, erleichtert das schon viel. „Ja, ich fühle mich jetzt frustriert!" Wenn Sie das zugeben können, machen Sie den ersten Schritt zur Veränderung. Wir können der Ursache auf die Spur kommen, indem wir uns der Emotion stellen. Wenn Sie sich im Moment des Geschehens der jeweiligen Emotion stellen, erkennen Sie erst, welche Macht das Gefühl über Sie hat.

2. Achten Sie auf die Auslösetrigger
Wenn Sie sich dessen bewusst geworden sind, dass Sie von bestimmten Gefühlen wie Ärger, Eifersucht oder Angst beherrscht werden, versuchen Sie herauszufinden, was genau dieses Gefühl ausgelöst hat. Waren es bestimmte Worte? Blicke? Ein Musikstück?

Vielleicht stellen Sie fest, dass Sie dann verärgert sind, wenn Sie sich nicht respektiert oder wertgeschätzt fühlen. Indem Sie in's JETZT kommen, die aktuelle Situation, wie ein Außenstehender betrachten, stellen Sie vielleicht fest, dass Sie deswegen Ärger in sich aufsteigen fühlen, weil Sie Ihre Kinder auffordern, etwas aufzuräumen. Aber Ihre Kinder ignorieren Sie. Nun könnten Sie beginnen, die Kinder anzuschreien. Oder aber Sie stellen sich Ihren Gedanken – „die Kinder respektieren mich nicht" – und erkennen, dass der Ärger wegen Ihren Gedanken entstanden ist und nichts mit der Realität zu tun hat. Es war Ihre Entscheidung, die Situation so einzuschätzen. Sie haben die Kinder als Trigger benutzt, um den speziellen Gedanken zu denken. Und erst der Gedanke hat zu dieser Emotion geführt.

3. Kontrollieren Sie Ihr Denken
Emotionen haben ihren Ursprung in unserem Denken. Wenn Sie sich das nächste Mal dabei ertappen, dass Sie ein intensives Gefühl empfinden, finden Sie den vorausgegangenen Gedanken.

Etwa so:
„Meine Mitmenschen respektieren mich nicht…"
„Ist das wahr?"
„Natürlich, das sieht man doch: Sie tun nicht, was ich von ihnen erwarte."
„Wer wärst du ohne den Gedanken, deine Mitmenschen respektieren mich nicht?"
Spüren Sie in sich hinein, was diese Frage in Ihnen auslöst. Wären Sie selbstbewusster? Wären Sie glücklicher? Was würde es in Ihrem Leben verändern?
Wären Sie zufriedener, wenn Sie nicht denken würden: „Meine Mitmenschen haben keinen Respekt?"

4. Übernehmen Sie die Verantwortung für Ihre Emotionen

Wie oft haben Sie anderen vorgeworfen, dass deren Handlungen Sie dazu gebracht hat, ein bestimmtes Gefühl zu empfinden?

Zum Beispiel:
„Du machst mich wütend, wenn du zu spät anrufst." Natürlich haben die Worte und die Verhaltensweisen von anderen einen Einfluss auf uns. Doch wir sollten die Verantwortung für die Gefühle übernehmen, die wir in uns selber zulassen. Niemand kann Sie ärgerlich machen. Sie selber entscheiden, was Sie empfinden möchten. Unsere selbstzerstörerischen Gefühle entstehen aus dem, was wir für wahr erachten und was uns berührt. Wenn jemand zu spät kommt, kann das Ihr persönlicher Trigger für Wutausbrüche sein. Doch für jemand anders kann es einfach ihr Gefühl von Freiheit sein. Wir reagieren konditioniert. Das bedeutet, wir reagieren entsprechend unserer Erziehung, unserer Glaubenssätze und unserer Erfahrung.

5. Erst denken, dann handeln

Wenn Sie spüren, wie Sie ein unangenehmes Gefühl zu übermannen droht, verlassen Sie die Situation und die Personen, die das Gefühl in Ihnen auslösen. Gewöhnen Sie sich an, nicht aus einer spontanen Gefühlsregung heraus zu handeln. Nehmen Sie sich die Zeit, die Situation zu überdenken, sich zu beruhigen und dann erst zu reagieren.

Das gilt auch für positive Gefühle. Denn auch aus einem Gefühl der Zuneigung und Sympathie tun wir Dinge oder sagen etwas, was wir später manchmal gerne wieder zurücknehmen würden.

6. Finden Sie Ihr Mantra

Es ist natürlich leicht sich vorzunehmen, nicht voreilig zu sprechen oder zu handeln. Aber oft fällt es uns in einer konkreten Situation schwer. Wenn Sie merken, dass eine bestimmte Emotion in Ihnen aufsteigt und Sie wissen, dass Sie nicht einfach weggehen können, verbinden Sie sich mit Ihrem Mantra. Ein Mantra ist ein kurzes Wort oder ein kurzer Satz, der Ihnen in jeder Situation helfen soll, einen kühlen Kopf zu bewahren. Es soll Sie dabei unterstützen, sich Ihre Gefühle bewusst zu werden und sich eben nicht von ihnen überrollen zu lassen.

Sie können beispielsweise leise denken:

„Ruhig! Ganz ruhig bleiben!"
„Dies ist gleich vorbei".

Finden Sie mehrere Mantras, die zu Ihnen und der Emotion passen und erinnern Sie sich daran, wenn Sie mal wieder fast reflexartig wütend, laut oder aggressiv reagieren wollen.

Beispiele für Mantras sind Beispielsweise:

- Carpe diem
- Das Leben geht weiter
- Der Weg ist das Ziel
- In der Ruhe liegt die Kraft
- Leben und leben lassen
- Take it easy
- Träume nicht dein Leben – sondern lebe deinen Traum
- Zeit heilt alle Wunden
- Wer nicht wagt, der nicht gewinnt
- Ich bin Herr über mein Leben und meine Taten
- Etc.

Zusammenfassung:

- Vergessen Sie nicht, dass Sie nicht aus Ihrem Gedanken bestehen
- Sie haben die Fähigkeit und das Recht jeder Zeit selbst zu entscheiden, was Sie fühlen möchten.
- Akzeptieren Sie Ihre Gefühle, doch nehmen Sie ihnen ihre Macht, wenn sie die überhand gewinnen möchten.
- Bleiben Sie achtsam und auf das JETZT fokussiert, denn das ermöglicht Ihnen den Auslöser für schlechte Stimmung direkt zu erkennen.
- Achten Sie auf Ihre Gedanken. Erst durch das Urteil, dass Sie in Gedanken fallen, entstehen bestimmte Emotionen in Ihnen.
- Entscheiden Sie bewusst, wann für Sie Emotionen eine Hilfe sind und wann man sie besser bändigen sollte.
- Nutzen Sie Ihr ganz persönliches Kraftwort, Ihr Mantra um eine unerwünschte Emotion zu transformieren.

5 Dinge die Sie sich fragen solltest, wenn Sie negative Gedanken haben…

Jeder von uns kennt es, wenn man am Morgen auf dem Weg zur Arbeit im Bus, Zug oder Auto sitzt und in Gedanken versunken ist. Nur leider nimmt man nicht immer wahr, ob diese Gedanken für einem hilfreich sind oder doch eher hinderlich. Das kann daran liegen, dass Sie Ihren Gedanken "erlauben" im Autopilot Modus zu spielen. Wie ich schon einmal erwähnt habe, bestimmen Ihre Gedanken Ihre Realität mit. Ihre Gedanken werden Ihre Realität!
 Ihre Gedanken, die Art oder der Grund, warum diese Gedanken überhaupt auftreten, findet sich zu einem großen Teil in Ihrer Kindheit wieder. Ihre Gedanken sind eine Art Erinnerung an das Vergangene und somit nicht immer top aktuell. Deswegen habe ich für Sie fünf Fragen zusammengestellt, die Sie sich selbst stellen können, sobald Sie in negative Gedanken verfallen. Vorher erfahren Sie aber noch, was das höchste Gebot im Umgang mit negativen Gedanken ist!

Bevor Sie Ihre Gedanken hinterfragen können, müssen Sie sie erstmal wahrnehmen:

Ein gutes Mittel dafür ist das Trainieren von Achtsamkeit. Egal, ob in der Form von Achtsamkeitsmeditation oder Achtsamkeitsübungen, diese Fähigkeit kann Ihnen helfen, sich von Ihren Gedanken zu distanzieren, um sie so wahrnehmen zu können, wie sie eigentlich sind. Sie können Gedanken nämlich nicht stoppen und diesen manchmal nur in dem Augenblick, in dem der Gedanke kommt, wahrnehmen. Denn, wenn er kommt, kann es gut sein, dass er so schnell wieder weg ist, wie er gekommen ist. Wenn Sie Ihre Gedanken aktiv wahrnehmen, werden Sie also Zeuge, wie er an Ihnen vorbeizieht. Im Gegenzug, wenn Sie an einem Gedanken festhalten oder ihn versuchen, zu verdrängen, wird er wahrscheinlich länger bei Ihnen bleiben und Sie sozusagen verfolgen. Stellen Sie es sich so vor, dass Gedanken kommen und gehen und Sie selbst das Fundament für Ihre Gedanken sind. Sie sind, wie der Himmel und Ihre Gedanken sind wie Wolken. Auch am Himmel ziehen Wolken vorüber, aber stören oder begrenzen sie die Weite des Himmels an sich? Nein, eher nicht. Sie schränken maximal Ihre Sicht ein. Wenn Sie sich nun vorstellen, sich über die Wolken zu stellen, dann ist der Himmel auch für Sie wieder unendlich weit. Er ist schlichtweg gleich wie vorher, ohne Veränderung. Das Einzige, was sich verändert ist die Bewegung der Wolken. Und in diese Position bringt Sie Achtsamkeit, in die Beobachterposition über Ihre Gedanken. Sie müssen sich also nicht an Ihren Gedanken festhalten. Egal ob gute oder schlechte Gedanken, sie kommen, aber sie gehen auch wieder. Sie stehen über Ihren Gedanken. Sie sind nicht Ihre Gedanken, sondern Ihre Gedanken sind ein Produkt von Ihnen!

Wenn Sie schon so weit sind, dass Sie Ihre Gedanken bewusst wahrnehmen können und diese als negativ empfinden, dann habe ich Ihnen nun 5 Fragen, die Sie sich das nächste Mal stellen können:

1. Ist das was ich denke wirklich die Wahrheit?

Sie haben täglich tausende Gedanken in Ihrem Kopf und die meisten davon wiederholen sich. Ein Großteil davon sind eher Erinnerungen. Weswegen es auch so wichtig ist, sich seinen Gedanken bewusst zu werden. Erinnerungen sind aber eben aus der Vergangenheit und deswegen sollten Sie sich zuerst fragen, ob das, was Sie da denken, auch wirklich stimmt.

Machen wir doch mal ein Beispiel:

Manchmal kommt mir der Gedanke in meinen Kopf, dass ich schlecht darin bin, mich mit Leuten zu unterhalten. Was soll ich bloß sagen? Habe ich überhaupt was zu sagen?

Und dann stelle ich mir der Frage, ob das der Realität entspricht?

NEIN!

Ich habe mich schon so häufig mit Leuten unterhalten und das ohne große Probleme, einfach so. Der Gedanke an sich ist also nicht mehr aktuell. Es scheint eine "alte Angst" dahinter zu stecken und diese Angst ist aktuell nicht angemessen. So macht es wenig Sinn, sich in diesem Gedanken zu verfangen und deswegen Dinge abzusagen nur, um sich dieser aktuell nicht angemessenen Angst nicht zu stellen. Also fragen Sie sich beim nächsten Mal als erstes, ob der Gedanke überhaupt der Wahrheit und der Realität entspricht.

2. Kann ich aus dem Gedanken Kraft schöpfen oder schwächt er mich nur?

Da Gedanken sowohl unterstützend als auch energieraubend sein können, haben sie natürlich auch einen positiven oder negativen Effekt auf Sie und Ihr Leben. Deswegen macht es Sinn, wenn Sie sich selbst fragen, ob Ihnen Ihre Gedanken guttun oder, ob sie Ihnen eher schaden. Deswegen sind vor allem "negative" Gedanken nicht unbedingt weiterzuverfolgen. Denn, wenn der Großteil Ihrer Gedanken eher "negativ" ist, dann rauben diese Ihnen den Großteil Ihrer Energie. Wichtig ist allerdings, dass negative Gedanken nicht gleich schlecht sind. Wie alles im Leben haben auch negative Gedanken einen Sinn und sollen eben nicht komplett unterdrückt werden, sondern auch angehört werden. Es geht eher darum, einen Umgang mit ihnen zu finden und die Balance zu halten und sich nicht mit ihnen zu identifizieren.

3. Welche schlechte Angewohnheit könnte ich aufgeben?
Oft führen schlechte Angewohnheiten zu negativen Gedanken. Das kann beispielsweise der übermäßige Konsum von Zucker, generell einer schlechten Ernährung, wenig Sport, übermäßiges Vermeiden von Herausforderungen oder mangelnde Selbstliebe sein. Eventuell machen Sie auch andere für das, was Ihnen passiert und wie Sie sich fühlen, verantwortlich und es fehlt Ihnen so an Eigenverantwortung. Wahrscheinlich kennen Sie selbst Ihre schlechte Angewohnheit am besten, die die Anzahl Ihrer negativen Gedanken in Ihrem Leben erhöht. Jeder Mensch hat unterschiedliche Laster und schlechte Angewohnheiten. Oft führt der Verzicht von diesen schlechten Angewohnheiten zu einer enormen Veränderung im Leben, die sich definitiv lohnt. Hinterfragen Sie also beim nächsten Mal einfach, woher der Gedanke eigentlich kommen könnte. Gibt es etwas, was Sie als Ursprung oder Auslöser ausmachen können? Und könnten Sie etwas dagegen machen?

4. Gibt es etwas, dem ich aus dem Weg gehe?
Wie bei der zweiten Frage schon angesprochen, ist Verdrängung langfristig kein hilfreicher Weg im Umgang mit Gedanken. Deswegen hilft es, sich ab und an die Frage zu stellen: Gibt es irgendetwas, das Sie in der Vergangenheit vergraben und seitdem nicht mehr ausgebuddelt haben? Es macht auch Sinn, das Vergrabene – in Ihrem Tempo - hervorzuholen und zu schauen, was Sie damit machen können. Verdrängen und Vermeiden wird nämlich leider das Problem nicht lösen, sondern es auf Dauer nur noch schlimmer machen. Fast jeder schiebt irgendwelche Dinge in eine hintere tief verborgene Kammer des Gehirns oder Herzens. Bis es irgendwann kracht. Deswegen sollten Sie sich aktiv Zeit dafür nehmen, diese Dinge mal näher zu betrachten.

Versuchen Sie also eventuelle Probleme hervorzuholen und zu lösen, bevor sie zu einem noch größeren Problem werden.

5. Wie kann ich die Erfahrung positiv nutzen?

Von jeder Erfahrung in Ihrem Leben können Sie etwas lernen. Egal, ob sie gut oder schlecht ist. Versuchen Sie also, darauf zu achten, was Sie daraus lernen können. So können Ihnen auch negative Gedanken helfen, etwas Positives daraus zu ziehen. Versuchen Sie also beim nächsten Mal, sich nicht in das negative der Situation zu verlieren, sondern zu hinterfragen, was Sie daraus lernen können. Woher kommt der Gedanke eigentlich? Welchen Sinn hat er? Was kann ich davon lernen?

Entscheiden Sie sich, sich nicht zu entscheiden?

In jedem Moment eines jeden Tages treffen wir Entscheidungen. Unabhängig davon, ob Sie sich dieser Entscheidungen bewusst sind oder nicht. Meine Erfahrung ist, dass viele Menschen durch das eigene Leben huschen und diese wunderbare Tatsache vergessen. Sie scheinen in dem Bewusstsein zu leben, dass sie überhaupt keine Wahl und daher auch keine Möglichkeit haben, Situationen in ihrem Leben zu verändern. Das Leben zieht an ihnen vorüber, ohne dass sie auf die endlosen Möglichkeiten zu blicken, die vor ihnen liegen. Manchmal kommt es mir so vor, als wären diese Menschen hypnotisiert von dem Weg, den sie bisher gegangen sind. Was wäre also, wenn wir uns der Idee öffneten, dass wir nicht nur die Möglichkeit haben, zu wählen, sondern auch die Macht, unsere Wahl umzusetzen? Was könnte diese Verschiebung in der Wahrnehmung für Sie bedeuten? Ich denke, manchmal vermeiden wir es, unsere Entscheidungsfreiheit zu beanspruchen, aus Angst, schlechte Entscheidungen zu treffen. Dabei gibt es im Grunde gar keine schlechten Entscheidungen, denn man lernt aus jeder Entscheidung etwas.

Das Problem:

Aus Angst, den falschen Weg zu gehen, bleiben wir
stattdessen standardmäßig auf dem längst ausgetretenen
Pfad. Wir werden Opfer von Umständen und glauben, dass
Dinge außerhalb unserer Kontrolle sind.

Nun, das ist tatsächlich eine Wahl...

Denn natürlich entscheiden wir uns trotzdem, nämlich dafür
uns nicht für das Neue zu entscheiden, um beim Gewohnten
zu bleiben. Wir entscheiden uns dafür, schön in unserer
Komfortzone zu bleiben. Dort kennen wir uns aus, natürlich
bleiben wir Opfer der Umstände, aber so eine Komfortzone
bietet ja auch Sicherheit.

Vermeintlich...

Es ist eine Entscheidung, die eigene Macht zu verlieren, eine
Entscheidung, auf dem Weg des geringsten Widerstands zu
bleiben. Was ich gelernt habe, ist, dass wir keine Angst haben
müssen, falsche Entscheidungen zu treffen oder falsche Wege
einzuschlagen. Wir können nur gewinnen, oder dazulernen.
Was wir fürchten müssen, ist überhaupt keine Entscheidungen
zu treffen. Wir erlauben uns, in einem hypnotischen Zustand
durchs Leben zu gehen, Dinge zu tun, wie sie schon immer
gemacht wurden und anzunehmen, dass die Dinge so sind,
wie sie sind...

Ich würde sagen...

Wenn wir in diesem Zustand sind, leben wir nicht einmal
wirklich. Wir werden zu Puppen der Ideen und des Willens
anderer und Opfer der Welt um uns herum. In jedem
Augenblick eines jeden Tages beanspruchen Sie Ihre
Fähigkeit, zu wählen und zu entscheiden. Um Ihr Leben zu
leben, basierend auf Entscheidungen, die Sie getroffen haben,
die mit Ihrer Seele mitschwingen. Ich kann Ihnen versprechen:

Je bewusster Sie Entscheidungen in Ihrem Leben treffen, desto mehr steuern Sie Ihr Leben. Umso mehr nehmen Sie den Platz auf der Kommandobrücke ein. Sie sind der Kapitän und ein Kapitän muss sich entscheiden, wohin das Schiff steuern soll. Soll es dahintreiben, irgendwo auf dem Ozean? Oder soll es großartige, atemberaubende Häfen ansteuern? Sie haben die Wahl, Sie brauchen sich nur zu entscheiden…

Raus aus der Klick-Falle

"Ich warte darauf, dass es endlich Klick bei mir macht."

Diesen Satz habe ich von mir selbst mehr als genug gehört, denn der Drang danach, dass "es doch endlich mal Klick machen müsste", ist eines der häufigsten Gründe, warum es nicht Klick macht. Und wenn wir einmal in dieser "Klick-Falle" gefangen sind, ist es schwierig wieder herauszukommen. Aber was genau meine ich mit dem Klick? Die erfolglose Suche nach dem Klick im Kopf.

Viele Menschen sehen den Klick im Kopf als eine Art einzigartiges Aha-Erlebnis. Der Volksmund sagt dazu auch "endlich ist der Groschen gefallen" oder "Mir ist ein Licht aufgegangen".
Das alles sind Beispiele von Menschen, bei denen es "Klick gemacht" hat: «Plötzlich wusste ich, dass will ich nicht mehr und habe mich getrennt.»
«Auf einmal ist mir das Abnehmen ganz leichtgefallen.»
«Es war wie ein Rausch, mein Gehirn arbeitete wie von selbst, ich war so kreativ wie noch nie.»
«Als ich gar nicht mehr daran gedacht habe, hatte ich die Lösung ganz klar vor Augen.»
«Und als sie mich mit diesem Blick ansah, da wusste ich plötzlich, "das ist die Richtige!»
Kleiner Scherz, da habe ich wohl zu viel Liebesfilme geschaut. Aber genau diese Situationen meine ich. Ich kann verstehen, dass viele Menschen auf der Suche nach dem ultimativen Klick sind. Sie wollen endlich ankommen, sei es im Beruf, in der Partnerschaft oder auf der Suche nach sich selbst. Die

Werbeindustrie nutzt die Sucht nach dem spektakulären Klick selbstverständlich aus, verstärkt das Verlangen danach und schafft einen unaufhörlichen Kreislauf an "noch mehr bzw. das Richtige haben müssen", damit es auch bei Ihnen Klick machen kann. Wie zum Beispiel bei den Dauerwerbesender, die immer irgendwelche Fitnessgeräte oder Säfte verkaufen wollen und uns weiss machen, dass wir nur abnehmen können, wenn wir ihre Produkte kaufen. Sie wollen uns eigentlich diesen Klick verkaufen. Ich bin der Meinung, dass es diesen Weltbekannten «Klick» gar nicht braucht oder zumindest, dass dieser nicht ausschlaggebend ist für Ihren Erfolg. Was viel mehr zählt, ist die Einsicht, dass Sie nicht mehr mit der Depression leben wollen. Sie müssen mit jeder Faser Ihres Körpers vollkommen entschlossen sein, dass Sie der Depression den Kampf ansagen wollen, sonst wird das nichts. In meinem Fall hatte ich zwar nicht dieses Klick Erlebnis und anfangs auch nicht den Entschluss gegen die Depression zu kämpfen, sondern ich fasste den Entschluss es allen zu beweisen, dass ich weitere Therapie nicht bräuchte, zumindest nicht stationär. Dies war meine erste Kampfansage.

Bei mir fing es dann doch an klick zu machen, nachdem ich anfing mich bessern zu wollen. Und so merkte ich auch langsam, dass mein ganzes Verhalten schädlich für mich ist und begann mich zu wehren. Ich glaube es gibt schon dieses Klick- Erlebnis, jedoch bin ich der Meinung, dass es nicht der erste Schritt ist, sondern der zweite. Es ist der Schritt, der einem die nötige Kraft gibt, um weiter zu kämpfen. Es ist der Schritt, der einem die nötige Bestätigung gibt, dass man sich richtig entschieden hat und auf dem richtigen Weg ist.

12 Dinge, die Sie wissen müssen, wenn Sie einen Menschen mit Depressionen lieben...

Außenstehenden fällt es häufig schwer nachzuvollziehen, was in Menschen mit Depressionen vorgeht. Bis heute gibt es viele Vorurteile gegen Depression. Geschaffen durch das Unwissen der Gesellschaft. Diese Unwissenheit ist besonders für die Menschen schwer, die der Betroffenen nahestehen. Die Tatsache, dass man zurückgewiesen wird, wenn der Betroffene eine schlechte Phase hat oder er einem Worte an den Kopf wirft, die gar nicht so gemeint waren, tun natürlich der liebenden Person weh. Ich habe Ihnen 12 Punkte zusammengestellt, die Sie wissen sollten, wenn Sie jemanden mit Depressionen lieben, damit Sie mit der Situation besser umgehen können und das nötige Verständnis aufbringen können.

1. Es ist eine echte Krankheit
Depressionen gelten als psychische Krankheit, deshalb sind sie aber nicht weniger schlimm und auch nicht weniger spürbar. Weil man den Betroffenen die Krankheit meistens nicht ansieht ist sie für viele nicht greifbar. Merken Sie sich: Die Krankheit sagt all diese bösen Dinge, nicht die Person.

2. Das Schlimmste ist die Angst
Es ist nicht nur die Angst, dass es nie vorbei sein wird. Oder, dass es noch schlimmer werden könnte. Es ist auch die Angst, dass Freundschaften oder Beziehungen daran zerbrechen. Dass Menschen sich abwenden, weil sie den Zustand einfach nicht verstehen. Weil sie nicht nachvollziehen können, dass Verabredungen manchmal in letzter Sekunde abgesagt werden müssen, weil es einfach kein guter Tag ist. Wenn Sie einen Menschen mit Depressionen lieben oder mit ihm befreundet sind, sollten Sie ihn so oft wie möglich wissen lassen, dass diese Angst unbegründet ist.

3. Depression sollte niemals mit Schwäche verwechselt werden
Wer unter Depressionen leidet, ist nicht schwach. Es ist sogar gut möglich, dass sie einen Menschen kreativer,

leistungsfähiger und empathischer macht. Selbstreflexion nimmt für Depressive eine große Rolle ein. Sie sind nicht schwach. Ihnen fehlt nur die nötige Kraft für den Alltag, denn Sie wissen nicht, was dieser Mensch hinter Ihrem Rücken alles leisten muss, um vor Ihnen stehen zu können. Diese Menschen haben eigentlich viel mehr Kraft als man ihnen zutraut.

4. Die einfachsten Dinge können eine große Herausforderung sein
Für einen Menschen mit Depressionen kann es schon eine Herausforderung sein, aus dem Bett aufzustehen. Duschen zu gehen. Zur Arbeit zu fahren.
Wer nie unter Depressionen gelitten hat, kann das nicht nachvollziehen. Deshalb müssen Sie einfach darauf vertrauen, dass derjenige Ihnen die Wahrheit sagt und nicht versuchen, Ihre Realität mit seiner zu vergleichen.

5. Es gibt nicht immer einen logischen Grund
Depressionen sind hinterlistig. Betroffene können einen guten Tag haben und ganz plötzlich zieht die Depression sie in den Abgrund. Dafür muss es nicht immer einen nachvollziehbaren Grund geben. Manchmal lässt sich die Traurigkeit kaum erklären und der Schmerz kaum in Worte fassen. Suchen Sie nicht nach einem Grund, den Sie nachvollziehen können, sondern versuchen Sie die Situation zu akzeptieren.

6. Depressionen verschwinden nicht, wenn man sich "zusammenreißt"
Sprüche wie "Reiß dich zusammen", oder "Komm darüber hinweg" sind für Menschen mit Depressionen unglaublich verletzend. Sie verstärken ihr Gefühl, eine Enttäuschung zu sein. Selbstverständlich versuchen sie, die Krankheit zu überwinden. Aber genau wie bei jeder anderen Krankheit funktioniert das nicht von heute auf morgen. Es ist ein Kampf und nicht einfach nur eine Entscheidung.

7. Sie wissen vermutlich nicht, wie schlimm es wirklich ist
Menschen mit Depressionen versuchen oft, die wahren Abgründe ihres Zustands zu verstecken. Häufig wollen sie

sich selbst nicht eingestehen, wie schlecht es ihnen geht und dass sie Hilfe brauchen. Wenn Sie einen Menschen mit Depressionen lieben, ist es gut möglich, dass er Ihnen nicht verraten hat, wie düster es wirklich in ihm aussieht. Möglicherweise weil er euch beide und euer Verhältnis schützen möchte.

8. Derjenige will Ihnen nicht zur Last fallen
Menschen, die gegen eine Depression kämpfen, wollen anderen nicht zur Last fallen. Sie möchten ihre negative Stimmung nicht auf andere übertragen. Depressive suchen nicht nach Aufmerksamkeit oder Mitleid - im Gegenteil. Das, wonach sie sich am meisten sehnen, ist so behandelt zu werden, wie jeder andere auch.

9. Depressive reagieren sensibler auf ihre Umwelt als andere
Menschen mit Depressionen reagieren meist sehr sensibel auf ihre Umwelt. Dabei kann die Gefahr bestehen, dass sie sich zu sehr in die Gefühlswelt anderer hineinsteigern und das Gefühl bekommen, die ganze Welt lastet auf ihren Schultern. Wenn Sie einen Menschen mit Depressionen lieben, sagen Sie ihm genau, was Ihre Bedürfnisse sind und fragen Sie ihn nach seinen - das wird ihm helfen.

10. Es gibt mehr als eine Realität
Wenn jemand offensichtlich eine schwere Zeit durchmacht, ist ein ganz natürlicher Impuls, seine eigenen Erfahrungen zu schildern, um klarzumachen, dass man sein Leid nachvollziehen kann. Doch das kann man in den meisten Fällen nicht. Ihre Realität hat nichts mit seiner Realität zu tun. Am meisten können Sie helfen, indem Sie zuhören.

11. Ihre Depression hat nichts mit Ihnen zu tun
Wenn Sie einen Menschen mit Depressionen lieben, ist es wichtig zu verstehen, dass sein Gemütszustand nichts mit Ihnen zu tun hat. Das kann manchmal sehr schwer sein. Wenn es dem Partner schlecht geht, ist die Angst, dass es an einem selbst liegen könnte, naheliegend. Aber es ist wichtig

zu verstehen, dass die Depression eines Menschen im Grunde nur mit ihm selbst zu tun hat - und nicht mit Ihnen.

12. Es ist okay, wenn Sie unzufrieden sind
Einen Menschen zu lieben, der unter Depressionen leidet, ist eine Herausforderung. Derjenige braucht Ihre Liebe und Aufmerksamkeit, er muss wissen, dass Sie ihn unterstützten. Das heißt aber nicht, dass Ihre Gefühle und Stimmungen weniger zählen. Wenn Sie unzufrieden sind, dürfen Sie es auch sagen. Nur so könnt ihr herausfinden, was am besten für euch beide funktioniert.

10 Dinge, die man nicht zu depressiven Menschen sagen sollte…

Erst denken, dann reden. Nur leider ist das nicht immer der Fall. Wenn ein uns nahestehende Person unter Depressionen leidet, dann wissen wir meist nicht, wie wir damit umgehen sollen und dies meistens nur, weil es schwer ist sich in den Betroffenen hineinzuversetzen. Was fühlt diese Person? Wie beeinträchtigt sie ihn?
Als Außenstehender würde man so gerne helfen und fühlt sich dennoch so hilflos, da man selbst vielleicht noch nie in dieser Situation steckte, sagt man oft Dinge, die komplett daneben und deplatziert sind. Da so gut, wie jeder mind. einmal im Leben mit jemanden zu tun hatte, der an Depressionen leidet, sollte man für die Zukunft wissen, wie man mit ihnen reden sollte und welche Anmerkungen unangebracht sind.

1. Alles wird gut.
Genau das ist der Punkt. Wenn man unter Depressionen leidet, hat man das Gefühl, dass man da nie wieder rauskommt. Dass es eben nicht mehr gut wird.

2. Sie müssen mehr auf sich achten
Geh raus, triff Freunde...
Leider ist das mit den Depressionen eben die ganz so einfach mal eben mit Freunden in eine Bar zu gehen, da der Antrieb fehlt und nichts mehr Freude bereitet.

3. Immerhin hast du keine schlimme Krankheit, sondern bist körperlich gesund.

Körperlich fit zu sein ist nicht immer ein Anzeichen für gute Gesundheit! Man kann laut Arzt gesund sein und trotzdem schmerzen haben.

4. He, wieso depressiv? Du wirkst so glücklich!

Man kann noch so glücklich und zufrieden nach außen wirken. Das sagt leider nicht immer etwas darüber aus, wie es in einem drin aussieht. Vielleicht ist man so gut im Gefühle überspielen, dass es zur Parathymie (*affektive Inadäquatheit*) kommt. Eine Parathymie ist eine Störung bei der Äusserung von Gemütsregungen (Affekten).

5. Du bist eine starke Persönlichkeit. Du schaffst das schon.

Stark? Wenn man depressiv ist, fühlt man sicher ganz sicher nicht stark. Man fühlt sich so schwach, wie noch nie. Und "Du schaffst das schon" stellt einen vor eine schlichtweg unlösbare Aufgabe und gibt einem das Gefühl man müsse den andern noch etwas beweisen, sonst ist man ein Versager.

6. Ich weiss wie du dich fühlst. Ich bin auch oft schlecht drauf.

Depressionen haben leider wenig mit schlechter Laune und ein bisschen Melancholie zu tun. Nur leider kann man sich die Ausweglosigkeit und Hilflosigkeit bei einer Depression so gar nicht vorstellen, wenn man nicht selbst betroffen ist. Schlechte Laune und Melancholie gehen nach einer Weile wieder weg. Meistens kann man auch sagen, was die schlechte Laune ausgelöst hat. Bei einer Depression ist das nicht so. Man kann nicht sagen wieso man traurig ist oder wieso man sich sonst in einem desolaten Zustand fühlt. Es ist auch viel langanhaltender. Von einer Depression kann man erst nach frühestens zwei Wochen sprechen. Das heisst alles unter zwei Wochen ist nur normale schlechte Stimmung.

7. Geh doch mal raus und unter Leute. Das lenkt ab.

Leider erträgt man das als depressiver Mensch nicht immer. Weil man dann das Gefühl hat vor den anderen zu versagen. Oder man will einfach keinen Smalltalk führen, weil man das so satthat. Da man während einer Depression so ziemlich alles satt hat, bringt diese Aussage sehr wenig. Man mag zwar seine Freunde nach wie vor, hat aber auch kein Problem damit diese für eine Weile nicht mehr zu sehen.

8. Aber du hast doch eigentlich alles.

Viele denken, dass glücklich sein materiell bedingt ist. «Nur», weil man vielleicht gesund ist, tolle Freunde hat, einen guten Job hat, gut aussieht, etc. müsste man automatisch glücklich sein. Wäre dies der Fall, wäre das Heilmittel für eine Depression einen ausgedehnten Shoppingtag. Es wäre toll, wenn einen das vor Depressionen bewahren würde. Aber es sind nicht nur die Pechvögel im Leben, die depressiv werden. Es kann jedem passieren.

9. Warum bist du denn depressiv?

Es gibt keinen bestimmten Grund, den man nennen könnte - es ist einfach so. Würde man den Grund kennen, hätte man ja den Schlüssel zum Gesundwerden in der Hand und müsste sich nicht durch endlose Therapiestunden quälen.

10. Geht es dir mittlerweile besser?

Dies finde ich persönlich eine richtig doofe frage, denn sie ist in meinen Augen relativ. An einem Guten Tag sagt man gerne, dass es einem besser geht, denn an diesem Tag geht es einem in der Tat auch besser. Nur kann man die gleiche Frage einen Tag später fragen und, wenn dieser Tag schlecht ist hat man auch das Gefühl es geht einem überhaupt nicht besser. Es ist ein langer Weg und besser, wenn Sie nicht immer nachfragen, sondern es nehmen, wie es kommt.

Das sollten Sie besser tun:

Sagen Sie lieber, dass Sie für Ihre Freundin oder Ihren Freund da sind. Das hilft mehr, als sämtliche gut gemeinte Sprüche. Sind Sie einfach da und haben ein offenes Ohr, wenn der

Betroffene Sie braucht. Er wird schon auf Sie zu kommen, wenn er reden will.

Wie man mit depressiven Menschen umzugehen lernt

Für jemanden, der unter Depressionen leidet, ist das Leben nicht einfach: Statt blau ist der Himmel plötzlich grau, die Sonne fühlt sich nicht mehr warm und Energie spendend an, sondern, wie ein grausam brennender Hohn und man selbst ist nur noch ein Schatten desjenigen, der man mal war. Depressiv zu sein ist scheiße. Es ist ermüdend und sehr viel mehr Arbeit als die meisten sehen. Viele Menschen, die unter Depressionen leiden, fühlen sich zudem dauerhaft missverstanden. Das ist kein Wunder, bedenkt man, dass Depressionen als Krankheit oft nicht ernst genommen werden. Viel eher gilt es als Charakterschwäche, depressiv zu sein. Als etwas, für das man sich schämt, wegen dem man sich einfach mal zusammenreißen müsste. Doch „einfach" ist mit Depressionen eigentlich gar nichts mehr.
Es ist besonders schwierig, richtig mit einem depressiven Menschen umzugehen, da Depressionen sehr vielschichtig sind. Der Einfachheit halber sagen manche Menschen, die eher unter Panikattacken als Depressionen leiden, oder die, die eher traumatisiert als depressiv sind, häufig bloß, dass sie „Depressionen haben" – wenn sie es denn überhaupt aussprechen. Jede Gefühlsregung braucht eine andere Erwiderung. Jeder Mensch braucht etwas anderes. Wirklich jeder – ob psychisch krank oder nicht.

Die Krankheit verstehen

Wenn der Partner, ein Freund oder ein Familienangehöriger an Depressionen leidet (und offen damit umgeht), ist es wohl das einfachste, „Butter bei die Fische" zu packen: Sich informieren, was diese Diagnose im Allgemeinen bedeutet und herausfinden, was sie für den Betroffenen im Speziellen heißt. Es gibt allerdings auch versteckte Depressionen, versteckt von den Betroffenen aus Scham, die man nicht erkennt;

Menschen, denen man nicht ansieht, dass es ihnen nicht gut geht und die auch nie ein Wort darüber verlieren würden. Erfährt man dann – nach Monaten oder Jahren stiller Krankheit – als Angehöriger davon, sollte man sich keine Vorwürfe machen, nichts bemerkt zu haben: Das Verstecken der Krankheit gehört bei einigen zum Krankheitsbild dazu.

Die richtigen Worte finden

„Iss doch mal was", „Lach doch mal", „Ich bin auch manchmal depressiv" – das sind alles positive und lieb gemeinte Sätze, nicht wahr? Ja, das sind sie. Und sie sind (in den allermeisten Fällen) auch wirklich positiv, nett und fürsorglich gemeint. Doch im Falle einer Depression funktionieren sie oft nicht. Der Betroffene weiss selbst auch, dass man zBsp. sich nicht den ganzen Tag in Jogginghosen herumtreiben soll. Es geht aber gerade nicht anders.

Eine essgestörte Person zum Essen aufzufordern setzt sie unter Druck. Ein depressiver Mensch kann nicht einfach so lachen – das zu verlangen erhöht den Druck. Und Druck ist etwas, was man angesichts der psychischen Erkrankungen in den seltensten Fällen gebrauchen oder überhaupt ertragen kann. Doch auch hier gilt: Jeder Mensch ist anders, jede Diagnose ist anders, jede Krankheit ist anders! Es gibt auch Menschen, die einen Arschtritt gut vertragen können, selbst (oder gerade dann), wenn sie psychisch krank sind.

Wenn man mit einem psychisch kranken Menschen kommunizieren möchte, bewegt man sich auf Glatteis. Man steckt immer zwischen Samthandschuhen und Arschtritt. Um sein Gegenüber nicht von einem Abgrund in den nächsten zu stoßen, muss man teilweise (je nach Erkrankung, Vorgeschichte, Verlauf…) einen regelrechten Seiltanz aufführen. Die perfekte Kommunikation gibt es hierbei nicht. Es gibt nicht den einen Satz oder die eine Frage oder die eine Handlung, die alles verändern würde. Es ist ein Prozess, der seine Zeit braucht. Man muss auch oft damit rechnen, dass eine noch so gute Tat zu Tränen und Geschrei führt. Generell sind in der Kommunikation mit depressiven Menschen „Ich"-Sätze besser als „Du"-Sätze. „Du"-Sätze können schneller als Kritik aufgefasst werden und so dazu führen, dass man genau das Gegenteil von dem erreicht, was man erreichen wollte.

Und so kommen wir zum wichtigsten Teil im Umgang mit psychisch Kranken…

Verantwortung abgeben und auf sich selbst achten

Psychische Krankheiten sind eben genau das: Krankheiten. Sofern man selbst kein Arzt ist, erwartet man auch nicht von sich selbst, dass man einen Angehörigen, der an Krebs leidet, heilen kann. Genauso ist es mit psychischen Krankheiten. Im Umgang mit einem psychisch kranken Angehörigen muss man als gesunder Angehöriger lernen, Verantwortung abzugeben, um nicht selbst krank zu werden – denn, wenn man sich immer nur um einen Kranken kümmert und damit einen Kampf gegen das Unmögliche führt, wird man selbst irgendwann wahnsinnig müde. Müde und traurig.

Die Heilung eines psychisch kranken Menschen kann nur mithilfe eines Arztes oder Psychologen erfolgen. Und vor allem aus dem eigenen Antrieb des Betroffenen heraus, denn er muss dafür verdammt hart arbeiten und auch im Stande sein die nötige Kraft aufzubringen.

Als gesunder Angehöriger kann man selbstverständlich mit dem Betroffenen reden und ihm vor allem zuhören – Reden ist Silber, Schweigen ist Gold. Zuhören ist wichtiger als Reden, jedenfalls geht es mir so – aber man darf auch „Stopp" sagen. Gerade bei traumatisierten Betroffenen ist es jedoch oft schwer, sich ihren ganzen Leidensweg anzuhören. Selbst Psychologen haben an der einen oder anderen Geschichte zu knabbern, obwohl sie nicht so emotional mit dem Betroffenen verbunden sind wie seine Angehörigen und Freunde. Angehörige und Freunde sollten also darauf achten, sich selbst nicht mit dem Leiden des anderen zu überfordern. Man soll auch für sich selbst eine Schutzmauer aufbauen und die schweren Themen den Profis überlassen. Worte sind manchmal auch gar nicht so wichtig wie Taten: Eine Umarmung, ein gemeinsamer Spaziergang oder einfach irgendwo sitzen und in die Sterne schauen bedeutet manchmal schon „für jemanden da sein" und ihm Geborgenheit schenken.

Für Angehörige ist es manchmal gut, sich ebenfalls psychologisch oder ärztlich betreuen zu lassen. Hilfe für Helfende – das ist vollkommen legitim und in den meisten Fällen wirklich wichtig.
Das Wichtigste ist jedoch: Nicht perfekt sein wollen. Es gibt nicht diesen einen perfekten Weg zur Heilung eines geliebten Menschen. Als Angehöriger macht man meistens Fehler, die man nicht vermeiden kann – einfach deshalb, weil es aufgrund des Krankheitsverlaufs nicht machbar ist.

21 Dinge, die sich hinter der Kulisse einer Depression verbirgt

Sie haben inzwischen viele Informationen darüber gelesen, was eine Depression ist und, wie sie entsteht. Aber mit dieser Kenntnis wissen Sie noch nicht viel, was sich hinter den Kulissen einer Depression verbirgt. Hier habe ich Ihnen 20 Dinge zusammengestellt, die Ihnen niemand über Depressionen sagt:

1. Es ist der dringende Wunsch, am Leben teilzuhaben - und die bittere Erkenntnis, dass du nicht einmal aus dem Bett aufstehen kannst.
2. Es ist die Angst, für immer allein zu sein, weil niemand versteht, was du erlebst und wie du dich fühlst.
3. Es sind Stunden voller Sorgen um die Zukunft und die größte ist, dass du gar nicht weißt, ob du weiterleben willst.
4. Es ist das Gefühl, unter Wasser zu rennen. Die Beine so schwer, dass du einfach nicht vom Fleck kommst.
5. Es ist die Scham, wenn du feststellst, dass du es nicht alleine schaffst und Hilfe brauchst.

6. Es ist die Überzeugung, absolut nutzlos zu sein und andere damit nur zu belasten.
7. Es ist der Frust, wenn andere glauben, man könnte sich zusammenreißen und es nur eine Phase wäre.
8. Es ist die völlige Überforderung von allem im Leben.
9. Es ist die kalte Leere, die durch nichts gefüllt werden kann und immer schlimmer wird.
10. Es sind Nächte, in denen du wach liegst und gegen deine eigenen Gedanken kämpfst während du versuchst nicht an deinen Tränen zu ersticken.
11. Es ist das Gefühl, morgens vor dem Kleiderschrank zu stehen. Und sich die Kleidung wie eine Maske überzustreifen, damit niemand Verdacht schöpft.
12. Es sind Tränen, die wie aus dem Nichts kommen, die du nicht aufhalten und auch nicht erklären kannst. Es sind Tränen, die dich zur völligen Erniedrigung zwingen und dich so schwach fühlen lassen, dass du dich nur noch verkriechen möchtest.
13. Es ist der Wunsch, so zu sein, wie die anderen - und so behandelt zu werden. So als wäre man nicht krank.
14. Es ist der dringende Wunsch, schon am Nachmittag zurück ins Bett zu kriechen - und die bittere Ironie, dass du trotzdem bis drei Uhr morgens wach liegst, weil dein Kopf keine Sendepause zulassen kann.
15. Es sind die guten Tage, an denen die Dunkelheit plötzlich verschwindet, sie dich aber so schnell es geht wieder in den Abgrund stürzen lässt.
16. Es ist der Konflikt, sich selbst als größten Feind zu haben.
17. Es ist das Warten darauf, dass sie zurückkehrt. Du weißt, es ist nur eine Frage der Zeit bis sie dich wieder einnimmt.
18. Es ist die Angst, dass es nie vorbei sein wird.
19. Es ist der völlige Verlust von Hoffnung.
20. Es ist das Gefühl, ein Geheimnis vor allen Menschen in deinem Leben zu bewahren.
21. Es ist eine allumfassende, lähmende und nervenaufreibende Trägheit.

10 Einblicke in das Leben einer Depressiven

Außenstehenden fällt es häufig schwer, die vielschichtigen Dimensionen und vor allem die Realität der Krankheit "Depression" zu erkennen. Immer wieder hören wir Menschen sagen: "Die sollen sich mal zusammenreißen", oder: "Die wollen nur Aufmerksamkeit", oder: "Über eine solche Phase kann man hinwegkommen." Menschen, die nie unter Depressionen gelitten haben, verstehen aber oft nicht, dass das schlichtweg nicht möglich ist. Deshalb ist es besonders wichtig, dass vor allem nahestehende Personen die Eigenheiten und Verhaltensweisen von Menschen mit Depressionen zu verstehen und zu deuten lernen.

Hier sind 10 Dinge, die ich als Depressive Ihnen sagen möchten:

1. "Meine Depressionen sind eine echte Krankheit."
Weil eine Depression psychisch bedingt ist und die Symptome von außen weder sichtbar noch greifbar sind, nehmen viele Menschen die Krankheit nicht ernst und können die Probleme der Betroffenen häufig nicht nachvollziehen.
Depressionen sind eine psychische Erkrankung - sie entstehen aber nicht ohne Grund, sondern weil dem Gehirn Chemikalien wie Serotonin, Dopamin, Adrenalin oder Noradrenalin fehlen. Das führt zu einem extremen seelischen Ungleichgewicht.

2. "Ich gebe schon mein bestes, die Krankheit zu überwinden."
Viele glauben, eine Depression sei leicht zu überwinden, nur eine Phase, die irgendwann vorbei ist - und von heute auf morgen ist man wieder glücklich, wenn man will.

Wenn die Depression dich im Griff hat, wird das Leben, wie ertrinken. Alle sehen, wie du in deinen Gefühlen ertrinkst aber keiner hört dich, weil du Unterwasser bist. Du hörst dich selber auch nicht schreien, weil du von lauter Wasser in den Ohren nichts mehr hörst. Du siehst auch nicht mehr gut wegen dem

Wasser. Der Druck um dich herum ist zu hoch, deine Brust schmerzt und du hast viel zu viel Druck im Kopf, dass dieser anfängt zu schmerzen. Alle sehen dich im Wasser aber keiner kann dich retten ohne sich selbst in den Abgrund zu stürzen. Auch wenn Menschen mit Depressionen sich ihrer Krankheit bewusst sind und versuchen, sie zu überwinden, kann es oft Jahre dauern, darüber hinwegzukommen.

3. "Ich bin sensibel."
Menschen mit Depressionen nehmen ihre eigenen, aber auch Gefühle anderer sehr intensiv wahr. Dabei besteht die Gefahr, dass sie sich zu sehr in die Gefühlswelt anderer hineinsteigern und irgendwann glauben, das Leid aller Welt laste auf ihren Schultern, denn sie seien den Auslöser dafür.

4. "Ich versuche, mein Leiden vor euch zu verstecken."
Eine der größten Ängste Betroffener besteht darin, anderen Menschen zur Last zu fallen. Deshalb versuchen sie ihre Ängste und Schmerzen zu verstecken und so zu tun als wäre nichts. Oft wirken Menschen mit Depressionen sogar besonders glücklich, weil sie alles dafür tun, unentdeckt zu bleiben. Das Problem dabei ist, dass nahestehende Personen den Ernst der Lage dann nicht erkennen können und den inneren Hilfeschrei der Betroffenen einfach überhören.

5. "Ich lebe in meinem eigenen Gefängnis."
Man ist im Grunde in seinem eigenen Kopf und in seinem eigenen Körper eingesperrt. Manchmal kann man für einige Stunden aus diesem Gefängnis der Ängste und Gedanken ausbrechen, um dann nur wieder dort eingesperrt zu werden.

6. "Ja, ich habe Depressionen - aber ich bin trotzdem ein Mensch"
Menschen mit Depressionen haben häufig besondere Talente, Leidenschaften und Fähigkeiten. Im Stadium einer nicht lebensbedrohlichen Depression können sie entgegen des verbreiteten Irrtums auch normal arbeiten gehen. Sie haben auch Gefühle, wie jeder andere auch. Weil sie aber auch häufig unter Panikattacken und Stress leiden, fällt es ihnen besonders schwer, sich für etwas zu begeistern oder an das

eigene Können zu glauben. Ihnen fehlt der Lebensmut und Antrieb, sich die eigenen Talente wieder vor Augen zu halten.

7. "Ich habe Angst, zu versagen."
Eine der offensichtlichsten Ängste von Menschen mit Depressionen ist die Versagensangst. Wir alle kennen die Angst, nicht gut genug zu sein, doch bei Depressiven übersteigt sie alles und wird zu einem ständigen, schmerzhaften Begleiter.

8. "Ich habe zwar Depressionen, deshalb bin ich aber noch lange nicht verrückt!"
Menschen mit Depressionen sind nicht verrückt - zumindest nicht verrückter als Menschen mit körperlichen Erkrankungen. Aber sie haben es bedeutend schwerer. Bei jeder körperlichen Krankheit ist es ein Leichtes, sich für ein paar Tage krank zu melden. Aber haben Sie schon einmal versucht, sich wegen «einem schlechten Tag» frei zunehmen?

9. "Ich möchte behandelt werden wie jeder andere auch"
Wer vor dem Rest der Welt seine Dämonen versteckt, will damit nur sich selbst und sein Umfeld davor schützen. Sie wollen normal behandelt werden und nicht als hätte man nicht mehr alle Tasten im Schrank. Wer an Depressionen leidet ist weder Taub noch schwer von Begriff.

10. "Ich habe Angst, verlassen zu werden"
Depressiven Menschen fällt es häufig schwer, sich anderen gegenüber voll und ganz zu öffnen. Denn sie riskieren, dass derjenige mit ihrem dunklen, schwermütigen Seelenleben nicht zurechtkommt und sich aus Angst abwendet. Weil sie Angst haben, von geliebten Menschen abgewiesen zu werden, verheimlichen die Betroffenen häufig, wie schlecht es ihnen wirklich geht.

7 Regeln für ein Leben in Leichtigkeit und Achtsamkeit

Wer kennt sie nicht, diese Augenblicke der „Erleuchtung"? Sie kommen nicht oft vor, aber wenn, dann wissen Sie, dass Sie gerade etwas fundamental Bedeutsames für Ihr Leben erfahren haben. Ich habe als Quintessenz 7 Regeln für Ihr bestes Leben gefunden, die ich Ihnen unbedingt mitteilen will. Es sind eigentlich Prinzipien, die schon vor vielen Jahrhunderten erkannt wurden, also nichts Neues unter der Sonne. Was sie erst richtig lebendig machen, ist sie in ihrer Tiefe und Bedeutsamkeit für das Leben zu verstehen. Jedenfalls ist das bei mir so.

Hier sind also die 7 Prinzipien für Ihr bestes Leben in Leichtigkeit und Achtsamkeit.

1.Sie sind zu hundert Prozent für Ihr bestes Leben verantwortlich

Ich weiß noch genau wo ich dies zum ersten Mal gehört hatte. Es war der Rat einer alten Frau, die mir Ihre ganze Lebensgeschichte erzählte und dies erwähnte. Sie bezog den Rat nicht einmal auf mich, sondern auf sich. Die Frau hatte Krebs. Ich sass neben ihr eines morgens am Bahnhof. Der Zug ist ausgefallen und so sassen wir für 20 Minuten dort fest. Wir begannen uns zu unterhalten. Sie erzählte mir, dass sie auf dem Weg zum Krankenhaus war, um ihre Resultate abzuholen. Sie hielt mir eine ganze Rede darüber, was man doch alles im Leben beeinflussen kann, wenn man nur die Verantwortung dafür übernimmt. Anfangs wollte ich es nicht glauben, weil es schon hart ist, eine solch große Verantwortung zu übernehmen, nicht wahr?
War ich wirklich für alles, was mir geschah, selber verantwortlich? Für das ganze Leid, dass mir dank der Depression wiederfahren ist? Auch wenn mich jemand schlecht behandelte, ich krank wurde, wenn ich eine schlechte Note bekam oder einen Unfall hatte? Alles war auf mich zurückzuführen? Nein, das konnte doch gar nicht sein! Es dauerte einige Zeit, bis ich wirklich verstand, dass es so ist und dass mir genau das die Leichtigkeit zurückgibt.

Denn: wenn ich etwas verändern will, muss ich es zuerst kontrollieren können.

Aber es bedeutet, dass Sie es akzeptieren können (denn es ist nun mal geschehen). Und – noch wichtiger – Sie können entscheiden, wie Sie darauf reagieren wollen!

Wenn Sie also die Verantwortung dafür übernehmen, wie Sie reagieren wollen, dann haben Sie die Macht über sich selber zurückgewonnen!

Das bedeutet:

Sie beschuldigt jemand, er macht Sie nieder oder lässt Sie im Stich –das mag Ihnen nicht gefallen und Ihnen weh tun. Doch es muss nicht Ihr Leben ändern, wenn sie es nicht zulassen.

Zum Ausprobieren:

Nehmen Sie sich etwas, was Ihnen in Ihrem momentanen Leben nicht so passt oder Sie belastet. Entscheiden Sie sich ganz bewusst, für das, was Ihnen nicht gefällt. Nun stellen Sie sich vor ganz bewusst die Verantwortung dafür zu übernehmen, wenn dies zu schwer ist, dann übernehmen Sie nur für 5 Minuten die Verantwortung dafür. Wenn Sie beginnen die Verantwortung für Ihr Leben bewusst zu übernehmen, holen Sie die Kraft dorthin zurück, wo sie eigentlich hingehört: Zu dir selber!!

2. Das, was Sie an anderen stört, ist bei Ihnen selber noch nicht im Reinen
Was macht Sie wütend bei anderen? Worüber schimpfen sie ständig?

Keine leichte Kost, ich weiss: Aber alles, was Sie an anderen stört, stört Sie an sich selber.

Ich habe lange daran geknabbert, dass die anderen ein Spiegel meiner Selbst sind. Ich habe es immer wieder verdrängt und mich weiter über sie aufgeregt, obwohl ich mich im Grunde nur über mich selbst aufregte. Ich hatte zum Beispiel eine Freundin, die mich und andere dauernd unterbrach. Ich ärgerte mich fürchterlich, dass ich nie einen Gedanken zu Ende bringen konnte. Bis ich verstand, dass ich selber oft so handelte und andere unterbrach, ehe sie zu Ende sprechen konnten oder ich beendete ihren Satz für sie. Es war ein sehr langer Weg bis zu dieser Erkenntnis. Und das zu erkennen, empfand ich als echte Erleuchtung!

Denn:

Wenn die anderen ein Spiegel von mir sind, dann muss ich nur genau hinschauen und kann leicht erkennen, was in mir noch kämpft oder nicht im Reinen ist. Und Sie müssen sich auch nicht mehr ärgern, weil Sie andere kritisieren oder Ihnen etwas an sich nicht gefällt.

Denn Sie wissen jetzt, dass Sie auch für sie ein Spiegel für das sind, was sie an sich selber nicht gut finden und eigentlich ändern wollen.

Zum Ausprobieren:

Was stört Sie an anderen? Was nervt Sie schon lange? Erkennen Sie, dass der andere ein Spiegel von Ihnen ist. Sie können nicht den Spiegel ändern, sondern die, die hineinschaut. Was können Sie aus dem, was Sie im Spiegel erkennen, über sich selber lernen und daran wachsen?

3. Das, was Sie an anderen bewundern, möchten sie selber sein

Wen bewunderst Sie? Was hat der- oder diejenige, das Sie begeistert?
Das, was Sie an anderen bewundern (oder beneiden?) ist auch ein Spiegel. Darin sehen Sie, welche Eigenschaften und Qualitäten in Ihnen selber schlummern, aber noch nicht ausgelebt werden. Vielleicht bewundern Sie Ihre Kollegin, die so toll auf andere Menschen zugehen kann. Sie ist dein Spiegel, der Ihnen zeigt, was in Ihnen selber noch nicht ausgelebt wird. Oder Sie beneiden Ihre Freundin, weil sie so

witzig und charmant ist. Auch sie spiegelt Ihnen die Eigenschaften, die Sie haben und noch entwickeln müssen.

Zum Ausprobieren:

Denken Sie an einen Menschen, den Sie toll finden und entscheiden Sie, was genau Sie an ihm/ ihr bewundern. Zeigen Sie diese Eigenschaften schon selber? Wenn nicht, fangen Sie mit kleinen Schritten an, diese Fähigkeiten in ihnen freizulegen und auszudrücken.

4. Dunkelheit lässt sich nicht mit Dunkelheit erhellen

Überall lauert Angst. Die Angst vor Krankheiten, Terrorangriffen, Einbrüchen. Überall wird darüber berichtet, so dass es scheint, als ob wenig Positives in der Welt existiere. Dass berichtet wird, können Sie nicht verhindern. Sie können aber verhindern, ob Sie es überhaupt in sich aufnehmen und wenn ja, wie Sie es verarbeiten. Wenn Sie also von einer Katastrophe erfahren, die irgendwo auf der Welt passiert ist, können sie entweder Ihrem ersten Impuls folgen und sich der allgemeinen Hysterie anschliessen. Oder Sie können ganz bewusst die Information so verarbeiten, dass es Sie weiter bringt.

Doch eines müssen Sie wissen:

Wenn Sie auf ein beängstigendes, frustrierendes und Sie stressendes Ereignis mit Angst, Frustration, Stress reagieren, wird sich nichts Positives daraus entwickeln können.

Denn:

- Krieg führt zu noch mehr Krieg.
- Ärger führt zu noch mehr Ärger.
- Angst führt zu noch mehr Angst.
- Dunkelheit könne sie nicht mit Dunkelheit bekämpfen. Nur das Licht kann das.

Diese Maxime habe ich mir angewohnt und wende sie bewusst und gezielt an. Wenn mir jemand den Vortritt nimmt, mich versetzt oder ignoriert, nehme ich es nicht persönlich. Denn ich weiß nicht, aus welchem Grund der andere so handelt. Ich kenne seine Motivation, die Glaubenssätze und Hintergründe nicht. Aber ich kann die Situation entschärfen, indem ich sie nicht auf mich beziehe. Wut, Ärger, Angst trennt uns von uns selber und vom anderen und führt zu immer mehr dieser negativen Energie.

Zum Ausprobieren:

Auch wenn Ihnen in einer bestimmten Situation überhaupt nicht danach zu Mute ist, bekämpfen Sie das Negative nicht mit noch mehr Negativität. Tun sie, was immer möglich ist, um ein kleines Licht in die Dunkelheit zu bringen.

5. Jeder gibt sein Bestes

Ich kann vollkommen verstehen, wenn Sie mir nicht zustimmen mögen. Denn wie könnte Habgier, Schadenfreude oder gar Mord das Beste sein? Ich weiß, es ist nicht leicht, das zu akzeptieren, doch aus der Sicht der Person, die so handelt, ist es das Beste. Das Beste aufgrund ihrer Überzeugungen, ihrer Erfahrungen, ihrer Stimmung. Die Handlungen von anderen so zu bewerten, kostet mich weniger meiner eigenen wertvollen Energie und Zeit. Denn woher soll ich wissen, was der andere gerade durchmacht? Ich kenne seine Gefühle, Gedanken, Erfahrungen nicht, die dazu geführt haben, dass er so handelt. Aber vielleicht – nur mal für einen Moment angenommen, – vielleicht würden Sie in der Situation des anderen GENAUSO handeln. Diese Haltung auch in einer extrem schwierigen Situation beizubehalten, erfordert sehr viel Kraft, keine Frage.

Zum Ausprobieren:

Denken Sie an eine Situation, in der Sie die Handlung des anderen abgelehnt haben. Sie müssen diese Handlung nicht gutheißen oder akzeptieren. Wenn Sie nur einmal kurz annehmen, dass es aus seiner Sicht das Beste in der

Situation war – unabhängig davon, was für Sie gut war -, dann können Sie sich von den Verhaftungen befreien und wieder Ihre Selbstverantwortung zurückholen. Und nur darum geht es.

6. Akzeptieren Sie auch das, was Ihnen nicht gefällt

Ich habe oft das, was mir nicht gefiel, geleugnet und weggeschoben.

Und was passierte im Anschluss?

Die Lage wurde noch prekärer. Ich bekam noch mehr von dem, was ich nicht wollte, weil unterbewusst ein Glaubenssatz in mir aktiv war, der dafür sorgte, dass das, was ich ablehnte, größer wurde. Man zieht eben das an, an das man denkt. Vielleicht haben Sie den Satz: «Energie attracts Energie» schon mal gehört, dieser Satz beschreibt dies sehr gut. Was können Sie tun, wenn Sie sich Ihr Leben ansehen und nicht zufrieden sind mit dem, was Sie sehen?

Akzeptieren Sie es (trotzdem)!

Zum Ausprobieren:

Schauen Sie sich Ihren aktuellen „Lebensfilm" genauer an, nehmen Sie wahr, was Ihnen nicht gefällt, akzeptieren Sie, dass es jetzt da ist –und dann schreiben Sie ein «Drehbuch» für den Lebensfilm, den Sie zukünftig sehen wollen.

7.Sie sind einmalig und es wert, Ihr bestes Leben führen zu dürfen

Eigentlich ist dies Punkt eins, denn mit Ihnen beginnt alles. Es gibt niemanden, der so ist wie Sie. Mit Ihren Talenten und Fähigkeiten sind Sie einmalig und es ist kein Zufall, dass Sie mit genau diesen ausgestattet sind. Ihre Aufgabe ist es, Ihre Talente und Fähigkeiten zu entdecken und einzusetzen – zu Ihrem eigenen Wohl und zum Wohle Ihrer Mitmenschen.

Zum Ausprobieren:

Finden Sie heraus, was Sie schon jetzt gut können, was Sie machen könnten, aber noch nicht tun, womit Sie andere Menschen bereichern können. Wenn Sie anderen durch Ihr Vorausgehen zeigen, was möglich ist, sind Sie ein Vorbild für sie und animierst sie, ebenfalls nach Selbstverwirklichung zu streben. Seien Sie authentisch und machen Sie das, was Ihnen gefällt, ohne immer daran zu denken, ob es irgendeinem anderen gefallen könnte. Zeigen sie mit Ihrem Denken, Ihren Worten und Taten, dass Sie einmalig sind und wertvoll.

Selbstverletzendes Verhalten (auto-aggressives Verhalten, Ritzen, SVV)

Selbstverletzendes Verhalten tritt meist im Jugendalter auf also zwischen 12 und 15 Jahren. Es entsteht meist durch eine langanhaltende seelische Belastung. Unter selbstverletzendem Verhalten (kurz: SVV) versteht man Verhaltensweisen bzw. Handlungen, bei denen sich Betroffene bewusst Verletzungen z.B. durch Aufschneiden, Aufritzen oder Aufkratzen der Hautoberfläche zufügen. Immer mehr Jugendliche verletzen sich selbst. Nicht nur weil immer mehr Jugendliche seelischen Schmerz haben, sondern weil es auch in gewisser Weise ansteckend ist. Die einen machen es vielleicht nur, weil es «cool» ist oder die beste Freundin es macht. Aber glaubt mir es ist alles andere als «cool»! Das sogenannte "Ritzen" – das Anritzen bzw. Aufschneiden von Unterarmen oder Beinen mit spitzen Gegenständen wie Rasierklingen, Messer oder Scherben – stellt die häufigste Methode zur Selbstverletzung dar. Doch es gibt noch viele weitere: Brennende Zigaretten auf dem Arm ausdrücken. Heiße Herdplatten anfassen, bestimmte Körperteile abschnüren oder sich mit dem Feuerzeug verbrennen. In den meisten Fällen verspüren Betroffene durch das Selbstverletzen ein Gefühl der Erleichterung. Es stellt quasi ein Ventil dar. Ich nenne es jetzt mal «Ventil», weil es für den Betroffenen die negativen Gefühle und Gedanken unterbricht.

Manche werden mit der Zeit süchtig nach diesem Zustand und verletzen sich immer wieder, weil der Körper dabei Endorphine (Glückshormone) ausschüttet. Diese Endorphine betätigen das Belohnungszentrum in unserem Gehirn und dies macht und Süchtig. Wegen den Glückshormonen fühlen sich viele danach auch viel besser. Ich muss sagen es macht tatsächlich abhängig. Ich verletze mich mit der Zeit nicht nur, wenn ich seelischen Schmerz verspürte, sondern auch, um die Sucht zu stillen. Mir selbst gab das Ritzen eine Erleichterung, denn zum einen konnte ich wieder etwas spüren, denn meine Gefühlswelt war tot. Zum anderen konnte ich meinem seelischen Schmerz Ausdruck verleihen. Dies klingt wahrscheinlich nicht sehr nachvollziehbar für nicht Betroffene aber Sie können sich das so vorstellen: Wenn man keinen Physischen Grund hat für Schmerzen hilft es, wenn man den Körper verwundet sieht. Es half zumindest mir mit meinem Schmerz und meiner Situation besser umzugehen. Das Ritzen diente als «Coping- Strategie». Eine Coping Strategie ist eine Strategie, die dem Betroffenen in der Situation hilft besser damit umzugehen. Was bei mir auch der Fall war ist, dass mit der Zeit hatte ich sehr intensive Schuldgefühle für alles, was auf dieser Welt nicht rund läuft, sei es auch nur, dass ich dachte ich hätte zum Beispiel ein so gutes Leben nicht verdient, wenn doch Leute in Afrika oder sonst wo verhungern. Oder ich gab mir die Schuld, wenn jemand einen schlechten Tag hatte auch wenn diese Person mich noch keine 5 Minuten sah. Ich bestrafte mich mit dem Ritzen quasi selbst.

Wie entsteht selbstverletzendes Verhalten?

Selbstverletzendes Verhalten kann aufgrund von länger dauernden seelischen Belastungen ausgelöst werden. Selbstverletzung ist aber keine eigenständige Krankheit, sondern stellt ein Begleitsymptom von einer anderen psychischen Erkrankung dar wie zum Beispiel:

- Depressionen
- Posttraumatische Belastungsstörung (PBS)
- Substanzmissbrauch
- Angsterkrankungen
- Störung des Sozialverhaltens
- Bulimie
- Borderline

Nach traumatischen Ereignissen, wie zum Beispiel Missbrauch oder Misshandlung kann es zu immer wiederkehrenden "Flash-backs" kommen. «Flash-backs» sind intensive, sich aufdrängende Erinnerungen an das Trauma, die immer wieder mal aufkommen können und denen die Betroffenen hilflos ausgeliefert sind.

Wie kann man mit dem Ritzen aufhören?

Es gibt verschiedene sogenannte «Coping- Strategien» gegen das ritzen.

- Eiswürfel auf der Haut zergehen lassen.
- Die Schnitte mit Edding simulieren.
- Ein Gummiband am Handgelenk tragen und daran zupfen.
- Auf der haut malen.
- Mit einem Igelball auf der Haut herumfahren.
- etc.

Meiner Meinung nach sind diese Strategien alle nutzlos, solange bis man sich aktiv dazu entschliesst, dass man sich nicht mehr verletzen will. Solange das ritzen für einem noch einen Zweck erfüllt wird man nicht damit aufhören können. Man muss sich auch immer wieder selbst sagen, dass man stärker ist als den Drang sich zu verletzen. Mir selbst ist sehr wohl bewusst, dass es immens schwer ist vollkommen mit dem Ritzen aufzuhören. Es ist ein Prozess der sehr viel Zeit und Geduld erfordert. Ärgern Sie sich nicht, wenn Sie sich selbst oder ein Bekannter sich wieder mal verletzt hat. Es braucht viel Zeit und Kraft. Wenn Sie in der Situation stecken, dass Sie sich verletzen wollen und Ihre ganze skills-Liste abgearbeitet haben und nichts hilft, begeben Sie sich aus der Gefahrenzone. Gehen Sie ZBsp. Spazieren an einem Ort, wo es andere Menschen hat. So können Sie sich nicht verletzten. Wenn Sie danach Angst haben nach Hause zu gehen, weil Sie dann wieder umgeben von allen scharfen Gegenständen sind können Sie auch alle scharfen Gegenstände (oder nur die, die Sie in Betracht ziehen würden) in eine Box stecken und diese schwer zugänglich für Sie machen, damit es für Sie mehr als 2 Griffe braucht um ein Messer oder sowas in der Hand zu halten. Bringen Sie die Box in den Keller auf einen hohen Schrank oder legen Sie sie zuhinterst in die Garage oder kaufen Sie eine abschliessbare Box und geben Sie den Schlüssel jemandem in Ihrem Umfeld um darauf aufzupassen bis der Drang nachlässt oder legen Sie den Schlüssel auf ein hohes Regal. Man kann sogar auf Amazon Boxen kaufen, die eine Uhr besitzen und erst wieder aufgehen nach der eingegebenen Zeit.

«Du siehst doch so glücklich aus!»: Wenn Depressionen sich hinter einem Lächeln verstecken…

«Du lächelst viel.» Menschen, die sie zum ersten Mal treffen, fällt das sofort auf. Ihre Energie ist ansteckend und Sie strahlen Lebensfreude aus. Ihre Freunde witzeln, dass Sie sogar dann lächeln, wenn es gar keinen Grund dafür gibt. Sie machen das instinktiv. Sie lächeln Ihren Nachbarn an, Fremde, Babys, Hunde, die Sonne. Sie albern herum und sind laut; auf jedem Foto, das es von Ihnen gibt, lachen oder grinsen Sie. Für jeden Außenstehenden wirken Sie absolut glücklich und voller Leben. Sie sehen immer so fröhlich aus und machen immer Witze. Es fühlt sich so an, als müssten Sie heimlich leiden. Im Schatten Ihrer Maske. Die meisten Menschen haben eine bestimmte Vorstellung, wie Depressionen aussehen. Sie stellen sich jemanden vor, der sein Bett nicht macht und fettige Haare hat. Jemand, der nicht ausgeht, um Freunde zu treffen. Jemand, der nicht vor 14 Uhr aus dem Bett kommt und dann nur auf der Couch liegt. Abgeschottet von jeglichem Kontakt zur Aussenwelt. Grau, traurig und leblos. Aber Depressionen sehen bei jedem Menschen anders aus. Es ist keine Krankheit, die universell ist und nach Schema X verläuft. Und nur, weil man jemandem seine Depressionen nicht ansieht, nur weil man nicht erkennen kann, wie sehr er leidet, heißt das nicht, dass er nicht krank ist. So viele Menschen übersehen, dass es Dinge gibt, die an der Oberfläche nicht zu sehen sind. Dass sich hinter der fröhlichen Fassade ungeheurer Schmerz verbirgt. Wenn andere Sie als glückliche Person wahrnehmen, fällt es schwer, sich zu öffnen und das zu offenbaren, was unter der Oberfläche schlummert. Sie passen nicht in ihr eng gestecktes Verständnis davon, was Depressionen sind oder wie sie sich äußern können. Es fühlt sich so an, als müssten Sie heimlich leiden, ohne, dass es jemand merkt. Würden ich sie enttäuschen, wenn sie die Wahrheit wüssten? Würden sie mich dann anders sehen? Würden sie mich dann noch mögen? Die Angst vor der Antwort auf diese Frage ist so gross, dass man schweigt. Also sagen Sie nichts. Sie sind weiterhin die fröhliche, lächelnde, kichernde Person, als die Sie jeder kennt. Sie gehen aus. Sie schreiben den Leuten auf ihre Nachrichten schnell zurück. Sie kommen zum Brunch und lachen mit all ihren Freunden mit. Sie sind immer ordentlich angezogen und begehen keine Fehler, um bloss nicht aus dem Rahmen zu fallen...

Depressionen verstecken sich im Hintergrund, wie ein unerwünschter Gast. Niemand sonst kann sie sehen.

Doch Sie wissen genau: Sie sind da. Auch wenn Sie noch so viel lächeln. Depressionen sind menschenscheu. Das Heilmittel ist nicht schweigen. Sondern reden.

6 Dinge, die Sie nur wegen Ihrer Depression tun

Wenn Sie Depressionen haben, kann es sich manchmal so anfühlen, als würden Sie in einem anderen Universum existieren. Einer Art Parallelwelt, die der echten zwar äußerlich ähnelt, die in Wahrheit aber von vollkommen anderen Kräften gelenkt wird. Jegliche Gesetze auf der Erde gelten dort nicht. Es ist ein dunkler Ort, denn dieses Universum hat keine Sonne. Sie können die echte Welt sehen, können sie sogar betreten, auch wenn Sie das manchmal viel Kraft kostet. Sie können mit den Menschen in dieser anderen Welt sprechen, können sich als einer von ihnen ausgeben und die meisten werden Ihren Schwindel nicht einmal bemerken. Zu Ihrer Welt jedoch haben die andern keinen Zutritt. Dieser Ort, an dem die Zeit nur sehr langsam vergeht, an dem die Luft schwer ist und an dem die Sonne hinter den Wolken bleibt, ist ihnen fremd. Und egal, wie genau Sie Ihre Welt beschreiben, ganz egal, wie oft Sie ihre Gesetze zu erklären versuchen, sie werden nie die ganze Wahrheit kennen.

Sie werden nie verstehen, dass Sie diese 6 Dinge tun, weil Sie Depressionen haben.

1. Sie sagen in letzter Sekunde ab
Egal, wie sehr Sie sich auf ein Treffen oder einen Termin gefreut haben - manchmal müssen Sie in letzter Sekunde absagen. Sie können nicht kontrollieren, wann die Depression Sie wieder einmal mit sich reißt. Sie wissen nie, wann sie das nächste Mal zuschlagen wird. Aber wenn es passiert, können Sie auf keinen Fall in der Öffentlichkeit sein. Gleichzeitig fühlt es sich furchtbar an, Ihren Freunden abzusagen. Sie bekommen ein schlechtes Gewissen und fühlen sich noch schlechter. Sie fürchten, dass sie sich über Sie ärgern könnten. Sie fühlen sich in Ihren eigenen vier Wänden einsam, während die anderen zusammen zu dem Konzert gehen und sich amüsieren. Und all das gibt Ihrer Depression zusätzliches Brennholz.

2. Sie wirken nach außen hin glücklich

Die Menschen in Ihrem Umfeld wissen nichts von diesen zwei Welten, zwischen denen Sie wandeln. Nach außen hin wirken Sie völlig normal, vielleicht sogar richtig glücklich. Nichts würde anderen Menschen einen Anlass geben, Sie zu fragen, ob alles in Ordnung ist - denn das wollen Sie um jeden Preis vermeiden. Aus diesem Grund sind Sie auch ziemlich gut darin, Ausreden zu erfinden, wenn Sie plötzlich wegmussten oder ein langes geplantes Treffen kurzfristig absagen. Ihre Maske bröckelt erst, wenn Sie allein sind. Zurück in Ihrer Welt, die allen anderen verwehrt bleibt. Ihre Maske fällt zu Boden und Sie sind wieder allein in Ihrer grauenvollen Welt.

3. Sie überprüfen Ihre Beziehungen

Das Schlimmste an Ihren Depressionen ist die Angst. Nicht nur die Angst, dass es nie vorbeigehen wird. Oder dass es noch schlimmer werden könnte. Es ist vor allem die Angst, dass Freundschaften oder Beziehungen zerbrechen könnten - Ihretwegen. Dass Menschen sich abwenden könnten, weil sie Ihren Zustand einfach nicht verstehen, oder nicht ertragen können. Deshalb könne Sie manchmal nicht anders: Sie müssen hören, dass alles in Ordnung ist, müssen die Bestätigung bekommen, dass Ihre Beziehungen noch intakt sind. Wenn Sie nicht diese Bestätigung erhalten, fühlen Sie sich zurückgewiesen und trauen sich viel weniger Kontakt zu halten mit der anderen Person.

4. Sie verschwinden tagelang von der Bildfläche

Manchmal tauchen Sie für ein paar Tage ab. Sie sind dann in Ihrer Parallelwelt, spüren das unsichtbare Gewicht bei jedem Atemzug und beobachten, wie die Schatten sich unerträglich langsam über die Wände schieben. Für Menschen aus der echten Welt sind Sie nicht erreichbar. Sie benutzen weder Ihr Telefon noch Ihren Computer. Sie wollen niemandem zur Last fallen. Wollen nicht riskieren, dass Ihre negative Stimmung sich auf andere überträgt. Sie sind dann in Ihrer Parallelwelt abgeschottet. Sie können rein von Ihren Kräften her auch nicht länger auf diesem Planeten bleiben, denn einen Aufenthalt unter normalen ist sehr anstrengend. Also tauchen Sie ab, um Kraft zu tanken. Nach ein paar Tagen werden sie zurückkehren und ihnen weismachen, dass Sie einfach sehr beschäftigt waren.

5. Sie lassen manchmal drei Tage vergehen, ohne zu duschen oder Ihnen die Zähne zu putzen

In Wahrheit waren sie nicht beschäftigt. Sie hatten im Bett gelegen oder auf dem Sofa. Sie haben geschlafen und wenn Sie wach waren, haben Sie mit aller Kraft versucht, aufzustehen. Sie sind die einzelnen Schritte im Kopf durchgegangen. Aber es ging nicht. Sie konnten sich kaum bewegen. Sie wussten, dass es Zeit für eine Dusche war. Sie sehnten sich nach Ihrer Zahnbürste. Aber es war einfach zu schwer.

6. Sie suchen sich Zuflucht in Ihrer Kunst

Kunst ist Ihre Therapie. Durch sie können Sie Ihre Emotionen zum Ausdruck bringen. Können schreiben, ohne dass es jemand hört, oder weinen, ohne eine Träne zu vergießen. Sie können all die Dinge sagen, die niemand versteht. Können endlich zeigen, was nur Sie sehen und können dies als moderne Kunst auf die Leinwand kritzeln. Für mich bildete die Kunst eine Brücke zwischen meinen Welten und half zur Übersetzung.

Sie sind nicht allein in Ihrem Universum!

Auch wenn es Ihnen nicht so vorkommen mag: Es gibt viele andere Menschen, die Ihre Parallelwelt kennen. Diese haben auch einen Weg zurück auf Mutter Erde gefunden und diesen Weg werden auch Sie finden. Jeder geht einen anderen Weg, doch treffen tun wir uns schlussendlich alle wieder am Gleichen Ort und zwar in der glücklichen Realität. Und es gibt Menschen, die zwischen beiden Welten vermitteln können und die Ihnen den Weg aus Ihrer dunklen Parallelwelt leuchten können. Egal, wie allein Sie sich manchmal fühlen, denken Sie daran: Sie sind nicht alleine!